短视频速成 10 万 +

SHORT VIDEO`S 100,000 FANS CRASH TEXTBOOK

全球首本短视频实操教科书

陈星爷◎著

经济日报 出版社

图书在版编目（CIP）数据

短视频速成 10 万＋ / 陈星爷著 . ——北京：经济日报
出版社，2019.2

　　ISBN 978-7-5196-0490-5

　　Ⅰ.① 短… Ⅱ.① 陈… Ⅲ.① 视频—营销 Ⅳ.
① F713.3

中国版本图书馆 CIP 数据核字 (2019) 第 026725 号

作　　者：陈星爷
责任编辑：范静泊
责任校对：徐建华
出版发行：经济日报出版社
地　　址：北京市西城区白纸坊东街 2 号（邮政编码：100054）
电　　话：010-63567691（编辑部）010-63567692（发行部）
网　　址：www.edpbook.com.cn
E-mail：edpbook@126.com
经　　销：全国新华书店
印　　刷：福州印团网电子商务有限公司
开　　本：1/16
印　　张：9.25
字　　数：168 千字
版　　次：2019 年 2 月第一版
印　　次：2019 年 11 月第二次印刷
书　　号：ISBN 978-7-5196-0490-5
定　　价：98.00

内容电商时代来了，你怎么办？

北大社会学博士 中国著名战略专家 姜汝祥

我看移动互联网，有一个新的角度，那就是对用户时间的占领——**谁占据了最多的用户时间，谁就是移动互联网时代的赢家。**

道理很简单，时间是衡量每个人生命的唯一尺度，时间是所有资源中唯一不可再生，不可储存，不可买卖的要素。

五年前，腾讯正是凭借微信对用户时间的占领，而一跃成为移动互联网领军企业，风头甚至一度超过阿里。

而今天，用户的时间悄悄地转移到了抖音，无论是在高铁地铁还是公交大巴，甚至在办公室楼道，都会不时传来"抖音"那些洗脑的背景音乐。

重新定义抖音的战略意义：趋势决定成败

尽管抖音无论在用户规模，用户粘性还是营收上都无法与微信相比，但是你不要忘了，**决定成败的不是规模，不是营收，甚至不是用户粘性，而是趋势。**

想想当年诺基亚是如何输给苹果的？诺基亚并非输在技术或产品上，而是输在趋势上，诺基亚代表的是功能手机时代，而苹果代表的是智能手机时代，时代一变，领导者就变了。

今天微信与抖音面临的同样是这种处境，微信代表的是图文时代，而抖音代表的是视觉时代。微信的公众账号与朋友圈，等于让每个人拥有了一份报纸，**而抖音与快手这类短视频平台，等于让每个人有了一个电视台。**

看看微信所创造出的商业奇迹，大家就懂了，当每个人有一张报纸，微信就会成为中国商业的入口，那么，当每个人有一个电视台，抖音与快手这类应用又会创造什么奇迹？

抖音与快手显然早就意识到了这一点，这两个平台不仅希望替代微信成为商业的入口，还推出了"电商橱窗"，直接与淘宝打通，淘宝上的任何一个商家，都可以通过抖音或快手的电商橱窗销售产品。

也就是说，抖音的视频内容在播放过程中，将会跳出产品购买橱窗！不仅如此，抖音与快手还同时推出了自己的电商平台。**这意味着什么？意味着中国互联网正式进入"内容电商"时代。**

所以，《短视频速成十万 +》这本书，是一本划时代的书，因为这本书告诉我们，一个新的时代来了，这个时代的名字叫"内容电商"。

内容电商：如果史玉柱用抖音做脑白金，会怎么做？

很多人没有注意到这一点，觉得这无非是增加了一个销售渠道而已，但他们忘记了，**决定商业走向的是趋势，而不是所谓的规模或实力。**

比如当淘宝天猫京东这些网购平台出现之后，实体商铺就衰败了。而拼多多能够兴起，并迅速成为第三大电商平台，包括微信的兴起，完全是因为**微信所创造的社交流量，创造出了所谓的"社交电商"。**

而抖音或快手这类短视频平台，让电商进入了内容时代，销售产品不再拼价格，不再拼人数，而是拼内容——这不就是企业梦寐以求的品牌营销吗？

我认为，这将给很多行业带来翻天覆地的变化，因为这些年有一个重大的倒退，那就是价格战横行。而价格战之所以能够横行，就是因为不讲内容，只讲产品。

比如说卖农产品，在淘宝上卖苹果，你会发现很难卖出高价，你的故事写的再好，也无法讲清楚"你的苹果"到底比别的苹果好在哪里？别人为什么要在你家买？他为什么要信你？

"褚橙"为什么卖的比别人好、比别人贵，那就是因为消费者对褚时健的信任，这就是内容营销的结果。所以，无论是淘宝的产品电商，还是基于微信的社交电商，**信任问题解决不了，产品就很难卖出品牌来。**

反过来我们看"脑白金"这样的产品，居然能够畅销十年，就是因为天天在电视上跟你讲送礼，对你进行洗脑，通过电视建立了信任感，信任的内容就是：送礼要送脑白金。

大家想想是不是如此？"**今年过节不送礼，送礼只送脑白金**"，其实就**是最早的内容销售。这个内容通过视觉进行表达后，会强烈地刺激你。**

如果当年史玉柱有抖音这样的平台，他会怎么做？一定会创造出全中国人民扭着屁股跳他那个著名的"脑白金舞"，当年他打电视广告花了多少钱？而现在抖音成本才多少钱？

一句话，视觉电商来了，内容电商来了！

是的，一个称之为"抖商"的时代，正在悄悄来临，从网商，到微商，再到抖商，中国也将进入一个全新的时代。

值得赞扬的是，《短视频速成 10 万 +》这本书，完全是由作者带领一个团队在实际操作中总结出来的，我们在短短的一年之内，创造出 1.6 亿粉丝的矩阵，同时又把实操技巧上升到理论，这是一本既有操作性，又有理论性的教科书。

2019 做什么？边玩抖音边赚钱。这会不会成为一句风靡全中国的标志性口号？让我们拭目以待。

Contents
目录

短视频渠道篇
——从渠道角度重新定义短视频

短视频营销篇
——抖商新物种诞生

短视频流量篇

——从零做到千万，用抖商创造销售奇迹

短视频定位篇

——帐号定位：迅速抢占制高点，成为行业第一

短视频养号篇

——如何快速渡过新号培育期，进入涨粉快车道

短视频制作篇

——如何制作出吸引眼球，震撼人心的作品

短视频涨粉篇

——如何利用短视频规则实现快速涨粉

短视频变现篇

——短视频如何开橱窗，边玩边赚钱

短视频渠道篇

——从渠道角度重新定义短视频

第一节

第六代渠道革命，互联网进入短视频自渠道时代

> 短视频是用户创造内容（UGC），当用户能够自主创造内容的时候，互联网就从微信的"自媒体"时代，进入了短视频的"自渠道"时代。

——《短视频速成10万+》

如果说微信代表的是图文时代，那么抖音代表的就是视频时代，**颠覆微信的不是另一个微信，而是短视频时代的抖音；让传统行业品牌复兴的不是工业化时代的电视，而是人工智能大数据时代的短视频。**

短视频是用户创造内容（UGC），当用户能够创造内容的时候，互联网就从微信的"自媒体"时代，进入了抖音的"自渠道"时代；抖音短视频平台的出现，使得我们即将迎来第六次渠道大变革：

一、线下渠道时代的四次变革

为什么说短视频是第六代渠道革命？我们来看看每次渠道的变革给我们带来了什么？

第一代渠道，叫做"乡场"；

这场革命发生在农村，大家把各自生产的产品摆成地摊，互相购买需要的物品，农村的这种集市被称为乡场，这就是第一代渠道。

第二代渠道，叫做"百货公司"；

　　大量的外地工业品涌入生活中的各个区域，这象征着分销时代的来临。分销时代的第一个特征就是：**渠道的空间不再是横向发展，过去在地上摆个摊就可以销售，而百货公司的诞生将销售模式进行分层，把每一层分开发展，这种销售方式同时也创造了房地产。**

　　房地产的来源，必须要基于两个非常重要的前提。

　　第一，是种类丰富、数量极大的商品，市场贸易的本身，创造了产品的流通。第二，是分销体系的建立，分销体系使得企业不再直接去经营店铺也不再直接销售，而是采取合作的方式让各地的经销商来参与销售。这两个前提加在一起创造了百货公司这个零售体系，也创造了房地产这个产业。

第三代渠道，叫做"超级市场"；

随着商业的发展和城市的兴起，第三次渠道革命也接踵而来。百货店在供应链上完成了一次巨大的整合，这就是沃尔玛的超级市场模式。这个模式的本质不在于它是连锁，而在于是否在供应链上集中采购。供应链的集中采购，创造出规模效应，所以沃尔玛成为全世界最大的一家公司。**商品的生产成本和生产规模是成反比的，当规模越大，成本就越低。**

沃尔玛模式创造了全球的零售奇迹，这也使得它成为了全球市值最高的公司。它的创始人山姆·沃尔顿去世后，把他的资产分给了他的子女们，这使得他的资产在个人的层面缩水很多，但是如果把沃尔玛家族加起来，仍然是今天全球的首富，这充分的说明了：**渠道是财富的巨大源泉。**

第四代渠道，叫做"商业综合体"；

但是沃尔玛模式存在一个巨大的缺点：过于强调成本和低价。这样的模式对品牌造成了很大的伤害。而接下来，一个全新的基于品牌内容的商业模式出现了，叫商业综合体。

万达，就是商业综合体模式。**从本质上来讲，它是品牌的需求。一个去买奢侈品和品牌的人，他不仅仅在追求购买，同时他也在体验，**所以，在商业综合体里面，有电影院，有餐厅，还有滑冰场。

商业综合体的出现，标志着房地产的顶峰。但是同样问题也产生了，那就是渠道的成本提高，大量的成本付给了土地所有人。

二、线上渠道全新机会，从价格战电商升级内容电商

第五代渠道，叫做"网络电商"；

而马云的淘宝网络，则是人类历史上第五次渠道革命，他取消了一切中介，直接通过互联网来购买，从而创造了 3 万多亿的奇迹。但是马云的淘宝网络，其实是沃尔玛模式的翻版。**也就是说它们把沃尔玛搬到了网络上。**

网络体系的好处在于信息的透明，而坏处就在于消灭了品牌，消灭了品牌文化的内容。有很多人认为不能在淘宝，天猫，京东上买品牌。品牌的一个很重要的前提就是风格，这是独立存在的。比如说买耐克，很多人喜欢耐克，但是如果你把耐克，阿迪达斯和各种各样的运动品牌都放在一起做成超市，你就会突然发现耐克这个品牌没办法显示出独特的内容和价值。

早在五年前，我跟随姜汝祥博士就在研究一个理论：移动互联网兴起，是应该创造人和品牌的链接，叫做部落电商思想。一批同频同趣的人创造小

"

人类历史上第一次出现了不需要做销售的销售员，这样的销售员是卖内容，而不是做销售。

如果说自媒体消灭了报社，那么自渠道即将消灭销售公司。

"

——《短视频速成10万+》

众品牌，同时商家收获品牌价值和产品溢价。

这几年，却相反出现了拼多多等越发不重视品牌的企业。单单从满足用户需求的角度上讲，这是一件好事，但从品牌的进化上来看，这反而是一场噩梦，因为假货可以更加在市场上泛滥。

而今天的中国，最大的商业特点之一是产能过剩。产能过剩就意味着大量劣质的，低廉的小企业过多的生产假货次品，从而导致我们的品牌存活困难。

第六代渠道，叫做"短视频电商"；

而抖音短视频和区块链的出现，帮我们想出了新的对策。

在互联网上有两件事是革命性的，第一个是区块链，它从企业的供应链到内部管理再到分配模式上完成了共享。而第二个则是短视频，短视频用大数据的方式呈现内容，提供了崭新的娱乐模式和渠道思路，完成了新的革命和突破。

短视频的突破在于个人用户对内容独立的完

成。**人类历史上第一次出现了不需要做销售的销售员，这样的销售员是卖内容，而不是去做销售。如果说自媒体消灭了报社，那么自渠道即将消灭销售公司。**

面对面的销售，将会大量的消失，未来的销售只存在于服务和 B2B 模式。拥有大量销售员的B2C，都会渐渐退出历史舞台。就像餐饮一样，餐厅的服务员是社会最有价值的部分。**我们需要的是服务，而不是人对人的销售，这个销售过程完全可以通过短视频的模式来完成。**

◎第一代渠道：乡场
◎第二代渠道：百货公司
◎第三代渠道：超级市场
◎第四代渠道：商业综合体
◎第五代渠道：网络电商
◎第六代渠道：短视频电商

这就是短视频正在给我们带来的第 6 次渠道革命。

大家可以这么想，媒体的内容创造完全由个人完成的，我们称之为自媒体。**而自渠道的意思就是渠道的主体是个人，而不是公司，第六次自渠道革命，将会是一场由个人成为渠道的重大变革。**

第二节

5G 人工智能，人就是渠道，全员营销，全民皆商

> 第六代渠道意味着内容创造，开始进入到5G 人工智能阶段。通过人工智能和产品完美地结合，创造出规模化的短视频内容。

——《短视频速成10万+》

为什么我们不把抖音当媒体，而把抖音看成渠道？**这是因为抖音是基于 5G 人工智能的视觉体系，视频播放过程中跳出橱窗，用户就能直接购买。抖音从一开始，就是把自己定义为视频卖货的渠道平台，而不是快手那样的"娱乐平台"。**这个全新渠道有两个非常巨大的变化：

一、内容创造进入到人工智能场景化阶段

相信大家都看过这样的视频，一个现实的场景和游戏的人物相融合，当游戏人物出现的时候，我们可以用手机和它进行互动，一起玩游戏。

在短视频电商过程中，我们可以将这个游戏形象直接替换成产品。人物变成产品，同时也就意味着，我们每一个人都可以拿出自己的手机去变换场景，然后来拍相关产品的内容。

将真实的产品和场景相互融合，比如说你在高山，在河流，在戈壁滩，这些都是真实的场景。我们可以用技术把产品和真实场景结合起来，拍出全新的内容。

而上述这些，对于第六代渠道意味着什么呢？意味着**内容的创造，开始进入到人工智能阶段。也就是说我们接下来要面对的场景不仅仅是真实的，也可以通过人工智能和产品完美地结合，创造出规模化的短视频内容。**

第六代短视频渠道，将是一个虚实相接的渠道，也将是一个是以视频为中心的渠道，这个渠道里面我们卖的是场景。比如说，在太阳底下卖防晒霜，在宴会上卖礼服，婚礼上卖戒指。这就叫场景，在移动互联网时代，主要依靠场景在传递价值。

我们可以将真实的产品形象和虚拟的场景相结合，拍成一个完整的视频，**不需要任何的剪辑和加工，把销售的产品和内容进行完美结合。**

很多人都知道，短视频平台是查重的。所谓查重就是：它不允许用一个视频发很多个账号，系统会认为抄袭。**而现在我们内容是一样的，但是场景不一样，这也就意味着我们每个人的短视频就不会被查重了。**现在，我们可以使用人工智能的方式实现，把产品，内容及场景都极大的丰富。

"

　　第六代渠道的核心竞争力：通过视频体现内容销售和场景销售。

　　而视频的创作，又通过人工智能的手段，实现产品和场景的完美结合，让内容创造变得更加简单。

——《短视频速成 10 万+》

"

二、人就是渠道，全员营销，全民皆商的时代来了

第六代渠道的核心竞争力是，内容销售和场景销售通过视频来体现，而视频又通过人工智能的手段实现了产品和场景的完美结合，让创造内容变得更加的简单。

接下来大家可以想象会发生什么样的变革，**对于企业来讲，每家企业要做的最重要的事情就是把自己的员工变成企业产品的店铺。每一个抖音账号就是一个店铺，**为什么不让你的员工做短视频，去卖企业的东西呢？**过去的微信时代，很多企业都让自己的员工发朋友圈，做公众账号来宣传企业的产品，来宣传企业的形象。而今天的短视频可以做到的不止是宣传，而是直接就可以开橱窗，直接就可以开店来卖企业的产品。**

所以说，作为一个企业，必须让你的员工来学短视频，让你的员工来开橱窗，让你的员工来卖东西。如果每一家企业，都像碧桂园一样做到全员营销，那将颠覆企业传统营销模式。

现在，当我们跟很多企业一起交流会发现一个现象：**如果企业的老总搞清楚了短视频的价值，他所做的第一件事就是让所有的员工参加短视频培训，因为这将是企业在互联网时代最低成本的销售渠道。**

> 过去的微信时代，企业让员工发朋友圈，做公众号来宣传企业的品牌和形象。
>
> 今天的短视频时代，可以做到的不止是宣传，更是直接开橱窗，直接开店卖产品。
>
> 一个全员营销，全民皆商的新时代来了！

——《短视频速成10万+》

　　从另外一个角度讲，如果企业都会让自己的员工来开橱窗做抖音来卖产品。那么其他的宝妈、微商、个人，也会学着来抖音开橱窗。

　　想象一下，一个人每天拍拍短视频，就可以赚到几千上万块钱。我们是选择做传统的微商还是做今天的抖商？

　　也就是说今天晚上我把视频拍出去，明天早晨醒来一打开就可以赚钱。为什么？因为你的视频内容承载销售，这就是第六代渠道的特点。

　　未来，就蕴藏在移动互联网的变化中，第一代的移动互联网是马云创造的阿里巴巴。第二代的移动互联网是马化腾创造的微信，第三代移动互联网是人工智能 5G 短视频。我们就是要借助趋势，快速抓住这个时代全新的渠道机会。

‖ 第三节

渠道的价值在卖货，短视频 6 类卖货模式案例详解

"

一、短视频兼职卖货模式

二、专业网红卖货模式

三、企业短视频卖货模式

四、实体店短视频引流卖货模式

五、旅游景点短视频引流模式

六、社群短视频引流卖货模式

"

——《短视频速成 10 万 +》

一、抖音兼职卖货模式

案例一：一条短视频卖货80万单，通过兼职销售4500万，这是骗局还是奇迹？

一个名叫"OMG"的短视频帐号，区区1.3万粉丝，一条点赞量4万多的短视频内容，将一款防晒产品，通过短视频橱窗销售了80多万单，单价56元，一条内容销售4500万，相当于一个厂一年的销售额！

很多人觉得很奇怪，为什么粉丝只有一万多的短视频帐号，居然能够销售几十万单？这是"奇迹"还是"骗局"？

回答这个问题，我们必须明白短视频卖货的三大原理：

原理一："视频电商橱窗"，没有产品的店也能卖货

这个视频电商橱窗就相当于一个店，只是这个店的产品不用像淘宝一样，要自己进货，也就是说，短视频上提供的店是没有产品的。

这就是短视频卖货最有特色的地方，短视频的电商橱窗卖货，有两个方式，一个是从淘宝中链接过来，你只需要在橱窗中，点"添加产品"，就会跳出"精选联盟"界面，上面是淘宝或天猫的商家

提供的产品，每个产品都事先设置好佣金，你只要卖出去，佣金自动进入你的帐户。

另一个方式是抖音自己经营的抖音小店，商家入驻抖音小店并设定好佣金，抖音帐号可以自由地添加这些产品到橱窗中，只要卖出去，佣金也会自动进入到你的帐户。

原理二："跳出产品链接"，内容＝流量，流量＝销量

在这一点上，不得不说，视频力量的强大就显现出来了，**当你在发抖音的时候，有一个功能，叫添加销售产品，也就是说，你发什么内容，就可以添加相应的产品。**

现在大家在读的这本《短视频速成 10 万＋》一书，如何通过抖音来销售呢？很简单，我在抖音上发"如何制作短视频"这类教学内容时，只要添加这本书的链接就行了。

如果大家注意的话，会发现当你在看抖音的时候，会跳出一个产品购买链接。这就是抖音卖货的独特之处，**产品链接就会自动跳出来，你点击这个链接，就可以直接用支付宝或微信购买。**

原理三："智能推送制"，把你推送到千万人面前

什么是"关注订阅制"？

微信公众帐号，微博都是关注订阅制，意思是你想看谁的东西，就关注作者，然后作者发什么，你就看什么，这就叫关注订阅制。

什么是"智能推送制"？

与关注订阅制不同，智能推送不需要你"订

阅"，手机自动纪录你的喜好，比如你在看钓鱼的视频时，停留时间长，而看足球视频时，没看完就换另外一个视频了，系统就会自动纪录你的喜好是"钓鱼"，而不是"足球"；下次你打开抖音的时候，就会自动推送钓鱼类的视频给你。

现在你应当恍然大悟了吧？**原来智能推送制相当于一个"喜好"记录仪，分析记录你的喜好，**然后只推送你特别喜欢的内容到你面前。

讲完这个故事，你就明白了上面的疑问，为什么一万多粉丝的抖音帐号，能够卖货80万单？

这个背后的"魔力"，就是抖音的智能推送机制，也就是说，哪怕你一个粉丝没有，只要你的内容好，就会被推送给几千万的抖音用户。

> 如果说微信是"媒体"，媒体的价值是传播。
>
> 那短视频则是"渠道"，渠道的价值是销售。
>
> 渠道是把产品变成财富的唯一通道。谁能够把产品变成钱，谁就控制了商业的命脉。

——《短视频速成10万+》

案例图解：日销 80 万单，兼职卖货销售额超 4500 万账号

1.3 万粉丝短视频账号卖货 80 万单，销售额 4500 万，刷爆整个短视频销售达人圈，直冲短视频达人销售榜第二名。

一条短视频销售 80 万单

4.6 万点赞

销量 80 万笔

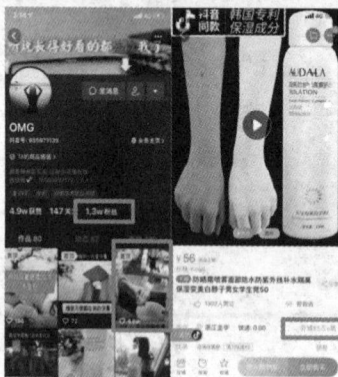

账号名称：OMG
单条点赞数：4.9 万
发布作品：80 个
粉丝数：1.3 万
卖货视频点赞数：4.6 万

案例二：大二学生，通过短视频兼职卖货，一晚上销售 20 万，一天赚了 5 万元

2月一天晚上，中国抖商大学淘宝橱窗订单不断响起，从下午 6 点开始，订单量每小时呈 3 位数增长，一直持续到第二天中午经过不完全统计，同一个抖音账号的 2 条内容，短短 24 小时之内，总计带来超过 3800 万观看量，总计点赞数 73.4 万，其中**有超过 5 万人点击进入到橱窗当中了解中国抖商大学《销售高手》一书，总订单数超 2000 单，成交超过 20 万；**

中国抖商大学学员，一天通过短视频完成了 20 万销售业绩，但是很多人不会想到，这个人，居然是杭州师范大学阿里巴巴商学院一个大二的学生。

案例图解：日销 20 万，兼职卖货大二学生账号

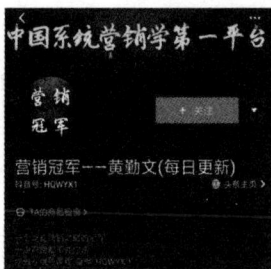

杭州师范大学阿里巴巴商学院大二学生，中国抖商大学学员，2019 年 2 月通过一条营销内容，一晚上销售超 2000 单。销售额超 20 万。

"营销冠军"账号短视频标题：
1、狼吃羊还是吃肉？
2、所有业务员怎么 si 的？
总计点赞数：73.4 万
总计观看量：3815.3 万

"营销冠军"账号运营在 24 个小时内，涨粉 53 万多，一晚上销售出 2000 多单，收益分成 5 万元。

二、专业网红卖货模式

案例一：专业网红卖货，从月薪 3000 到年入千万

李佳琦，被誉为"口红一哥"，**5 分钟卖出 15000 支，5 小时带货 535 万支，口红卖断货，简简单单几十条短视频，带货能力直接 PK 掉马云。**这类专业网红卖货是如何做到的呢？我总结了"专业网红卖货三大法宝"：

法宝一：情绪感染，标签鲜明

李佳琦的短视频永远都是面前一堆口红，表情丰富的喊出："Oh my god"、"我的妈呀"、"amazing"、"好好看哦"超强的情绪感染力，让观众立即被吸引，卖力推荐，面部夸张，异常鲜明的标签使得李佳琦能够被人们很快记住。

法宝二：场景即营销，兴趣即职业

对于美妆柜台导购出身的李佳琦，把自己对美妆的兴趣直接变成年入千万的职业，在不同**场景进行营销，也成为短视频网红 7 秒抓住用户的重要方式，比如"春夏必备"、"素颜也可以用"，"结婚走红毯"、"看演唱会"、"失恋的时候涂"，"见男朋友时"**这些都是观众经常能够碰见的场景，搭配上网红的推荐，就能获得非常好的销量。

法宝三：营销销售，合二为一

场景即为营销，橱窗产生购买，在口红试色的过程中，李佳琦强调"买它、买它、买它"，对于不同人群，李佳琦更是安利黄皮肤女生一定要买，洋气的女人一定要买，对于他挑中的，会要求你"这几个颜色一定要买"。

通过场景的带入，情绪的渲染，在进行购买的引导，激起客户强烈的购买欲望，最后橱窗直接进行下单，彻底让购买环节浓缩在几十秒内，把营销和销售完美合二为一！

> 通过场景带入，情绪渲染，再进行购买引导，激起客户强烈的购买欲望，最后橱窗直接进行下单；
>
> 购买行为被浓缩在几十秒内，彻底把营销和销售完美合二为一！

——《短视频速成10万+》

案例图解：5 分钟卖出 15000 支口红李佳琦账号

账号名称：李佳琦 Austin
点赞数：1.9 亿
发布作品 135 个
粉丝数：3291.9 万

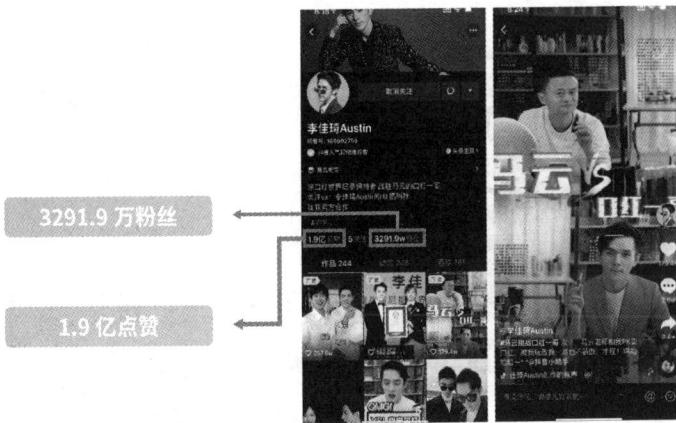

3291.9 万粉丝

1.9 亿点赞

三、企业短视频卖货模式

案例一：小米雷军亲自拍摄短视频，500 万人预约，一条内容带动销售破 100 万台

"大家好，我是雷军，第一次拍抖音有点紧张……"

读书笔记

    雷军这样大佬居然也来拍短视频了？谜底揭晓在内容发布的第二天，原来小米公司独立品牌 Redmi 启动发布会。雷军把短视频的第一次献给抖音。

    小米同时在抖音启动全球首家快闪店，正式开售前，已有超过 500 万的预约人数；正式开售，上百万人涌入，红米 Note7，1 小时售罄。新品牌首战告捷！

    一条由雷军小米"金刚暴力测试 "视频点赞 77.9 万，带动中国区销量突破 100 万台。

账户名称：小米手机

点赞数：1342.3 万

粉丝数：342.7 万

雷军视频点赞数 77.9 万

案例二：一款洗涤用品销量 20 万单，带动店铺销售超 500 万

不仅小米这样的知名企业在通过抖音卖货，同时很多企业也在大步跨入抖音，**一个叫夏彤百货店的企业账号，总计发布作品不超过 100 条，103.2 万粉丝，淘宝一款洗涤产品，简单的通过场景拍摄，销量 20 万单，带动店铺销售超 500 万销售额；**

案例图解：销量 20 万单，带动店铺销售超 500 万的夏彤百货店账号

账户名称：夏彤百货点	通过短视频引流
点赞数：577.7 万	普普通通一款洗涤用品
粉丝 103.2 万	月销 20 万单

四，实体店短视频引流卖货模式

案例一：答案奶茶的一个视频，线下店火爆蹿红，加盟店迅速增加到 400 家

2018 年年初，抖音上突然爆红一款可以占卜的奶茶。

购买奶茶的客户，可以把自己的问题写在杯子的腰封上，待所点的奶茶做好后，店员通过摄像头扫描智能识别此问题，然后把答案印在奶茶奶盖上。

当客户拿到奶茶揭开杯盖时，属于自己的答案就随之浮现在眼前。

答案奶茶通过抖音的传播，一条短视频，收获千万播放量，获赞数十万，而在当时，答案奶茶联合创始人秋涵和她的合伙人还未运营实体店，在看到抖音上答案奶茶的火爆时，迅速决定开店。如今答案奶茶已有 400 家加盟店，数字还在暴涨。

案例图解：答案茶通过短视频传播，加盟店迅速增加到400家

案例二：育儿方法视频获得了485.1万的粉丝，用内容为门店引流，扩大招生

赢在起点早教学园分享了很多以童谣、节日、和小朋友日常生活为主题的手指操游戏，家长们可以和孩子一起玩，也可以教会小朋友到幼儿园表演以育儿方法总结视频，获得了485.1万的粉丝，获赞1569.2万。**不同视频内容关联不同的门店地址，用内容为门店引流，扩大招生。**

案例图解：赢在起点早教学园，通过育儿方法视频为线下店引流。

账户名称：赢在起点早教学园

点赞数：1569.2 万

粉丝数：485.1 万

不同视频内容关联不同的门店地址

通过内容对不同门店进行引流

五：旅游景点短视频引流模式

古北水镇一个话题参与人数 4.5 亿，话题互动量超 1330 万，用抖音引流到景点打卡人数 7 千人次

2019 年初，古北水镇春节期间打造了一场"新年有你，年在一起"的互动赛。POI 页面的独立访客环比增 540%，相关视频播放量环比增 260%，新增粉丝数环比活动前增长了 55 倍。话题参与量超 3.6 万人次，总互动量超 1300 万，播放量达 4.5 亿。

POI详情页头图

店铺电话与地图

店铺营业时间

线上卡券

企业号主页

官方相册

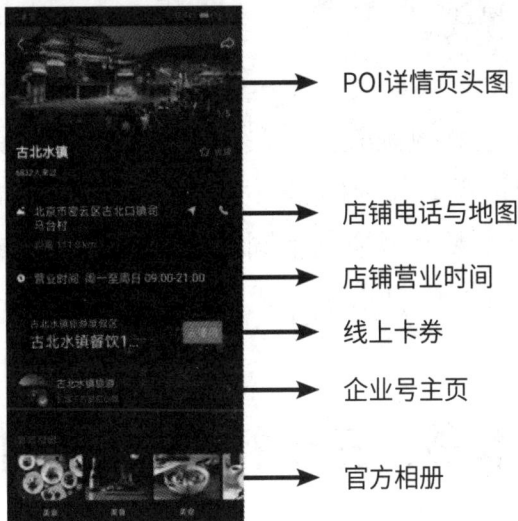

六：社群短视频引流卖货模式

抖商大学学员超万人，课程及书籍销售超千万

2018 年，姜博士与锡恩团队就看到短视频的全新价值，发起成立"锡恩中国抖商大学"，目前帐号粉丝数量 1.6 亿，仅仅是锡恩集团"公司认证蓝 V 账号"粉丝总数超 500 万。

账号名称：**锡恩销售**	粉丝数：74.2万
账号名称：**销售高手-锡恩投资**	粉丝数：82万
账号名称：**强者自强·锡恩教育**	粉丝数：63万
账号名称：**30秒营销学·锡恩投资**	粉丝数：55.8万
账号名称：**商业智慧-锡恩集团**	粉丝数：43.6万
账号名称：**锡恩思维-锡恩投资**	粉丝数：32.2万
账号名称：**营销绝技-锡恩**	粉丝数：55.2万
账号名称：**新营销-锡恩**	粉丝数：34.6万
账号名称：**创业绝技-锡恩**	粉丝数：47.7万
……	

锡恩开创了全新的抖商模式：社群抖商（部落电商）模式。

通过短视频关注量最高的三个类别：销售、自律、短视频，分别构建三大社群：战狼团、雄鹰会、抖商会；聚合短视频上同频同趣人群，形成社群抖商"产品——社群——代理"部落电商模式；

三本书、三个社群、三大代理

销售高手	赢在自律	短视频
战狼团	雄鹰会	抖商会

三本书是战略引流产品,拍短视频(线上引流),懂销售（线下招商）, 高度自律（执行力）, 这是抖商必须具备的三大能力。

在短视频巨大流量下,**通过短视频社群五步法"定位引流—内容引爆—橱窗卖货—社群运营—代理开店"**, **形成左手抖音, 右手微信的社群营销闭环;**

以上 6 个案例清晰的表明, 短视频所创造的"第六代渠道", 随着 5G 技术的普及, 正在彻底颠覆原有企业渠道模式。**如果说微信是媒体, 媒体的价值是传播, 那么短视频平台则是"渠道", 渠道的价值是销售。**渠道是把产品变成财富的唯一通道。谁能够把产品变成钱, 谁就控制了商业的命脉。

"

短视频社群五步法

一、定位引流；

二、内容引爆；

三、橱窗卖货；

四、社群运营；

五、代理开店；

"

——《短视频速成10万+》

短视频营销篇

——抖商新物种诞生

第一节

两大商业变量创造了抖商新物种

> "
>
> 技术变革最大作用,在于减少商业交易费用;
>
> 使得过去成本特别高,难度特别大的行为,变得简单易行;
>
> 这将带来一个巨大的变革:
>
> 行业领导者所依赖的技术堡垒消失,新的领导者应运而生。
>
> "

——《短视频速成 10 万+》

海尔张瑞敏说的好，没有成功的企业，只有时代的企业，要分析一个企业的成功，首先我们要分析企业所处的时代到底发生了什么变化。

一般说来，商业变迁大致可以沿着两个变量展开，一个是技术变量，另一个是消费者变量。

一、技术变革让创作视频门槛大大降低

技术变革最大的作用，在于减少了商业的交易费用，从而使得过去成本特别高，或者难度特别大的行为，变得简单易行，这样的结果是，现有行业领导者所依赖的技术堡垒消失，新的领导者应运而生。

可以说，在互联网上短视频替代文字，一直有一个巨大的堡垒，就是视频是一个"高成本，高技术"的产品。最近几年，有三个技术因素让视频行业出现了革命性的变革：

第一是手机拍照像素的提高，一两千元手机的相机功能，已经可以拍出很高清的视频，这就使得大量高清短视频的出现，大大提升了客户体验感。

第二是大量视频编辑软件的出现，让普通用户可以在手机上编辑出想要的视频效果，这一点非常重要，因为一旦视频可以编辑，这就解决的视频平台最大的问题：优质内容的创造。

第三是"大数据推送"，内容的分发不再依赖订阅制，而是采取基于兴趣爱好的"推送制"，从而打破了大 V 垄断流量的游戏规则，只要你的内容符合"同类"的口味，就会得到大量流量的支持，这是抖音得以火爆的重要原因。

技术上的这两个变化，让用户创作视频（UGC）的门槛大大降低，这样的结果是，过去只能在电视与电影上看到视觉体验，今天在手机上随时可见。

三大技术因素实现短视频革命：

一、手机拍照像素大幅度提高

二、大量手机视频编辑软件出现

三、"大数据推送"，内容分发不再依赖订阅制，而是基于兴趣爱好的"推送制"。

——《短视频速成10万+》

二、消费变革让视频表达成为主流

在消费层面，从移动互联网一兴起，视频就在"领导者位置"前徘徊，一个桎梏严重地阻碍了视频成为主角，这就是流量成本，视频要大量消耗流量，一般消费者难以承受。

进入2018年，电信资费大幅度降低，大量的"无限流量"套餐，基本解决了流量问题。流量成本一解决，视频的春天就来到了，因为视频有着图文所无法比拟的巨大优势：

第一，视频所提供的内容是立体的，而一分钟，甚至说15秒的短视频，使得视频的碎片化消费达到了极致，这个碎片不仅指的是时间，更重要的是内容。**因为时间短，所以完全没有了过渡与衔接，条条精彩，处处高潮，这特别适合快节奏下的年轻人，或者是生活相对单调的三四线及农村小镇青年。**

第二，视频的创造与图文创造不同，图文内容的创造可以说是精英时代，而**视频内容的创造更原生，一个不会写字的人无法创作文章，但他却可以拍摄视频。**所以，在视频时代，消费者更容易参与到视频的创造中来。

第三，数字时代成长起来的九零后，零零后，在审美上最大的不同，就是所谓的"二次元"文化，**这是一种简单而直接的消费文化，强调人与人的往来没有阶层的束缚，没有功利的导向，有的只是志趣相投的平等，这种文化在短视频里达到了极致。**

以抖音为例：抖音现在的月活跃用户超过 5 亿，每人每天打开次数在 8 次上下，一天总时长约 50 分钟，这说明，虽然**抖音的用户数量无法与微信相比，但在用户的使用时间与使用次数上，与微信持平甚至会超过微信。**

根据预测，2022 年，抖音的用户月活将达到 10 亿以上，30 岁以上的用户将超过 60%，智能手机将彻底进入视频主流时代，而抖音也将创造出自己的全新商业形态：抖商！

" 根据预测，到 2022 年，抖音的用户月活
将达到 10 亿以上，30 岁以上用户将超过 60%
，短视频成为主流，抖音也将创造出全新商业
形态：抖商！
"

——《短视频速成 10 万 +》

‖ 第二节

短视频新营销：不懂销售的销售员，通过卖内容卖产品

"

销售的本质：

消费者需要销售人员，是因为面对一个产品的时候，没办法了解这个产品的价值。

而短视频电商最伟大的意义，就是视频本身就可以传递价值。这样，我们就省去了销售的环节！

"

——《短视频速成10万+》

短视频视觉阅读方式的到来，抖商的出现，让我们走进了视频电商时代。那么，视频电商与传统商业最大的不同是什么？

从百货公司到网络，从沃尔玛到商业综合体的演变进程，我们发现在早期的时候，沃尔玛基本上是产品为王，而到了商业综合体的时代，则开始主打品牌，所以大家可以看到，目前的商业综合体里面卖的都是品牌。

但是今天的互联网电商，像是淘宝，天猫，仿佛又回到之前的价格战模式；**一个东西长期打价格战，就很难保持它的持续性。**所以，为什么我对短视频电商赋予极高的评价。因为视觉电商成功的把网络沃尔玛带入了综合体阶段，进而开始做品牌内容，而不是打价格战。

一、第六代渠道变革，销售将会被视频代替

通过我们对渠道的划分，可以了解到渠道的进化一直到今天，总共经历了六代。第一代是乡场集市，第二代是百货公司，第三代是连锁经营，第四代是商业综合体，第五代是"网络化沃尔玛"，淘宝，天猫，京东都属于这个阶段。现在，我们迎来了第六代渠道，那就是短视频电商。

第六代短视频电商最伟大的突破是什么？那就

是用视频来传递价值，代替面对面的销售。什么叫销售？销售的本质就是传递价值。

我们之所以会需要销售人员，就是因为当消费者面对一个产品的时候，没办法去了解这个产品的价值。所以，我们需要销售员对用户进行服务，这就是销售的本质。而短视频电商最伟大的意义就是视频本身就可以传递价值。这样，我们就省去了销售的环节。

而未来，随着 5G 的诞生，使得视频的传输进入秒传阶段。这意味着，我们可以通过手机屏幕观看到超高清的视频，甚至可以看到全息投影，这一切的改变，让我们不再需要销售人员跟我讲产品价值。

那我们需要什么呢？我们只需要一个视频描述产品价值，用短视频取代销售员来传播价值。

人类自从渠道诞生以来，销售员就是整个价值传递的主体，我们依靠人进行传递。一句话叫：没有卖不出去的产品，只有不会销售的人。销售员是整个市场经济里面最伟大的一环，那么**我们为什么需要销售员呢？就是因为用户不清楚这个产品的价值，你比如说我看到一个产品，这个产品的价值在哪，如果没有销售员的话，是没办法知道的。**

" 短视频第六代渠道新商业奇迹：

每一个抖音不仅是账号，更是店铺。

每一个发出来的短视频，不是娱乐化的视频，而是传递价值的载体，而销售的核心就是传递价值。 "

——《短视频速成10万+》

二、通过短视频来传递价值，传统销售将会"下岗"？

当不了解一个产品的价值的时候，就需要销售员。

比如说我们进了药店购买药品，不同地区的药店，里面的销售员情况是不同的。在全世界只有中国的药店拥有大量的销售员，在美国和其他国家的药店并没有什么销售员，用户需要自己挑选药品，但是如果不了解药品，就会很困难。

而在中国，只要你进了药店，肯定会有一个销售员在跟着，随时为你解答。医药这个产品对很多人而言非常陌生，你需要一个人来服务和引导，否则你来到药店很难选购合适的药品。

这种销售模式说明了一个问题，**销售员的本质就是传递价值。如果说我们有另外一个东西可以传递价值，那我们就不需要这个销售员的中间环节。**

有的人生病了之后，会去百度查询相关的信息，这种需求就创造出来了一个庞大的怪胎，它的名字叫莆田系。**莆田系的存在就说明了价值的传递是有多么的重要，如果是不对等的价值传递，只会起到相反效果。**

所以短视频电商完成了人类一次最伟大的革命，就是用视频来传递价值。而**抖音又完成了一次**

革命，当我们发布视频的时候，可以直接跳出来购买链接，这个链接，就可以直接下单购买。

所以，我们的整个第六代渠道最大的意义，就是建立在如何超越面对面的销售。

举一个简单的例子，比如说卖书，我个人基本上每个月可以卖出几百本书，整个体系能够卖出上万本，根本不需要一个销售人员。

所有买了我的书的人，最终都会纳入到一个体系，我专门有一个部门的人来服务。说到这，相信大家就明白了，整个第六代渠道，最伟大的突破就在于一个变革：**用视频来传递价值。用户可以通过抖音帐号的购买链接直接下单。这就是第六代渠道的特点。**

今天抖音这个第六代渠道所创造出来的商业奇迹。让每一个抖音不仅是账号，更是店铺。**每一个发出来的短视频，不仅仅是玩的视频，而是传递价值的载体，而销售的核心就是传递价值。**

‖ 第三节

短视频营销三大核武器：音乐是灵魂，情绪是装扮，评论是杀手

"

短视频新营销三大原理

原理一：音乐是灵魂，没有配乐的短视频是行尸走肉

原理二：情绪是装扮，没有情绪的短视频等于裸奔

原理三：评论是杀手，没有好评论的短视频接近死亡

"

——《短视频速成 10 万 +》

当一个全员营销，全民皆商时代到来的时候，如何抓住趋势，成为短视频营销高手，我们必须掌握以下三个核武器：

一、音乐是灵魂，没有配乐的短视频就是行尸走肉

掌握短视频音乐核武器，日赚 200 万，抖音新营销关键按钮！

"一个 7.1 万粉丝抖音账号销售额超 800 万，单条抖音内容超 18000 单，卖货 200 万，如此惊人的销售额令人望尘莫及；很多人觉得奇怪，同样的产品，淘宝上多如牛毛，凭什么这个抖音账号就能做到？"

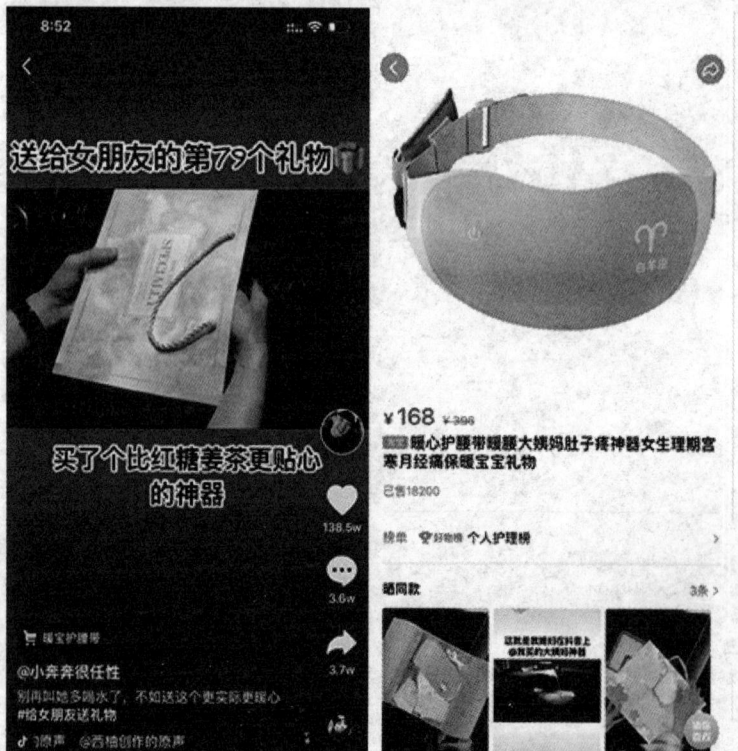

一个 7.1 万粉丝，叫小奔奔很任性的抖音账号，一条点赞 8.9 万的抖音内容，将一款女性暖腰带，通过抖音橱窗销售超过 **18000 单，单价 168 元，单日卖货 200 万！**很多人惊讶，为什么同样的产品，淘宝上无人问津，通过短视频重新"演绎"，立即变身香饽饽，销售额翻了几百上千倍；如果大家仔细去看这个账号的话，你会发现，他的产品很普通，内容也是开箱推荐模式，但是这个账号有一个非常重要的特点，**就是每一个视频，都配上非常洗脑，与产品能够完美搭配的音乐，使得账号销售额一路走高，**那么，音乐在短视频当中，能够起到这么大的作用吗？

讲到抖音，我们首先从字面上就能理解，**抖音的核心在"音"，音乐如何发挥作用？**

设想下这么一个场景：一天你心情大好，路过一个巷口，突然传来哀乐，你会是什么样的感觉，是不是突然心情就跌倒谷底了？

当你进入到五星级酒店，舒缓的音乐就能让你放松下来；当你进入到酒吧，**激昂的音乐让你愿意掏钱买单；**

同样的道理，如果我们观看的短视频没有了背景音乐，点赞的人还会那么多吗？再好的内容在无声的表演下，都显得很苍白。

再来大家分享一个小案例：美国研究人员曾

在一个超级市场，对音乐影响顾客购买问题做过实验，实验结果表明：顾客的行为往往会同音乐合拍，当音乐节奏加快、每分钟达 108 拍时，顾客进出商店的频率也加快，这时，商店的日平均营业额为 12000 美元，当音乐节奏降到每分钟 60 拍时，顾客在货架前选购货物时间也就相应延长，商店的日均营业额竟增加到 16740 美元。

这就是音乐在短视频播放过程中的重要作用：能够把魔性洗脑的音乐运用好，上热门的同时，还能创造惊人的销售额！

所以说，**音乐是卖货视频的灵魂！**

魔性的音乐能调动人的情绪，让你进入到感性状态，在愉悦的场景烘托下，人就更愿意买单。

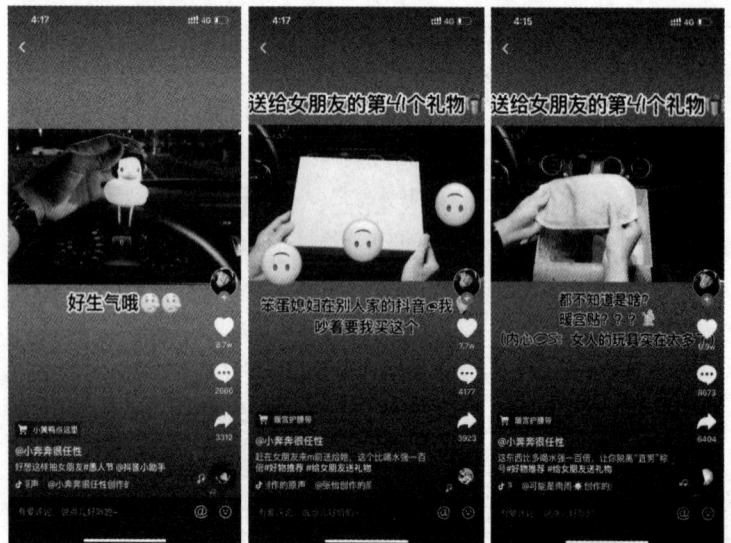

当你打开淘宝，天猫，京东这样的电商平台，没有任何视频场景，背景音乐，只有静态图片理性的告诉你，这个产品的功效，卖点，价值，这样的购物场景，第一感觉就是：你要套路我"买"；

人在理性的状态下，首先想到的，是我会不会被"忽悠"了，在传统电商平台上，大家开始比价，开始精挑细选，这就造成了一个恶性循环，消费者越理性，产品销售就越难做，销售难度一高，就只能通过"价格战"，"优惠券"来取悦消费者。这就是为什么很多商家在传统电商平台"只赚吆喝不赚钱"的原因；

音乐播放的过程，就是下单购买的开始

自从短视频的出现，彻底改变了人们在线上购物的"心态"，从未有一个平台像抖音一样，**通过音乐，动态画面场景，让你进入一个"愉悦下单"的状态，这就是抖音卖产品，经常会比其他平台卖的更贵，却可以卖得更多的原因。**

"

视频电商，彻底改变了用户在线上购物的
"心态"；

那就是通过音乐，画面，场景，让用户进
入一个"愉悦下单"的状态。

"

——《短视频速成 10 万 +》

像我辅导的"营销绝技"这个抖音账号，是一个没有真人出镜，没有花哨拍摄剪辑的图书类型视频，这样的账号，**通过与内容搭配的音乐展现书籍精华，就能很快卖出几千单，把98元一本的书卖到脱销**，大家就能感受到抖音这样的平台，销售能力到底有多强大了！

所以选择好音乐，把观众深深的带入到愉悦的情感状态当中，再来传递我们的内容，这就是能够更多卖货的核心要点。

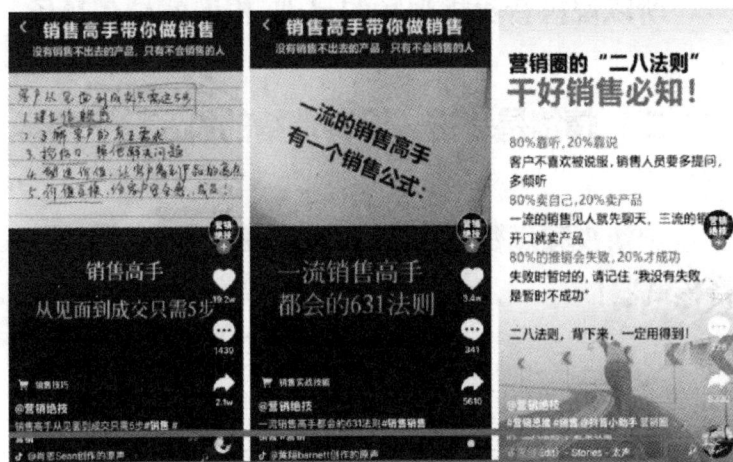

在中国抖商大学，我们倡导一句话，"生活大于生意"，也就是说，像抖音这样的社交平台，首先有的是生活，然后才是生意，**如果别人认可了你的场景音乐，认可了你的生活方式，认可了你所表达的情感，然后通过内容判断你跟他们是"同频同趣"的一类人，那么，你还担心"卖"不出去产品？**

一条视频内容搭配上魔性的音乐，让观众全面沉浸在场景中，直到内容播放完，产品自动跳出，通过这样的**音乐和场景的洗脑，观众更愿意直接下**

单购买，即使产品并不稀缺和唯一，但是很多人也会被振奋人心的音乐所吸引，音乐听完，内容看完，还等什么，买吧！！！

回过头来看，**7.1万粉丝的账号，能够日销200万，单条内容销售超18000单，**就是因为他成功的利用了**"音乐绝招"，**让观看者进入饱含情感的**"愉悦下单"**状态,那么,**自然就愿意掏钱购买！**

所以说抖音卖货视频的灵魂,根源就是在音乐。

二、情绪是装扮，没有情绪的抖音等于裸奔

一条视频点赞量155万，揭秘"上热门"的抖音核武器！

一个叫"路边小郎君"抖音账号，一条表现外卖小哥的视频内容点赞155万次，播放量预计过5000万,如此高的点赞量和播放量到底有什么秘诀?

"路边小郎君"抖音账号，一条抖音内容为"外卖小哥墙角吃午餐，陌生人送来妈妈做的饭菜，母亲悄悄的在旁边观看，当陌生人旁白说：多久没回家了？母亲当时泪奔，与拼搏在外的孩子相见！"的视频，**普普通通拍摄场景，直接被抖音推上千万观看量热门。**

这个背后的原理，就是抖音营销核武器之一：情绪！

情绪的魔力，为什么我们看短视频如此投入

当你在刷短视频的时候，会因为一条有趣的视频捧腹大笑，也会因为一个励志的视频斗志昂扬，更会因为一个暖心的视频感动流泪，但同样也会因为一个无聊的视频，调动不了你任何的情绪，从而快速的划走。

看抖音的过程，为什么会笑，会流泪，会生气？

那就是抖音触发了我们的喜、怒、哀、惊、恐、爱等各种情绪；

抖音为什么可以成为人的"情绪调动器"呢？

抖音是一个**画面刺激视觉，音乐刺激听觉，内容刺激思考的综合多媒体传递方式，**人的情绪因为综合的信息传递被激发出来了，为什么我们一刷抖音停不下来？就是因为调动了不同的情绪，使得我们有更强大的动力继续看下去。

为什么调动了情绪，视频就一定能"上热门"？

我们来分享一个事件：

2019 年 4 月，上海卢浦大桥，一男子突然跑下车后迅速跳桥，紧跟着的女子因没能抓住他而坐地痛哭。从记者那里了解到，男孩今年 17 岁，是某职校二年级学生。据其母亲称，当时正驾车载着男孩，他因在校与同学发生矛盾遭其批评后跳桥。

我们一般把这种被情绪控制的，因为某种特殊环境和事件的强烈刺激而引起，当事人有可能因情绪上的不稳和过于激动而无法控制自己的行为，称之为过激行为；

情绪其实是一种综合多种感觉产生的心理和生理的状态，**情绪最大的作用，就是触发人不同动机，让人产生行动。人在情绪的左右下，会做出很多平时做不出来的事情，这就是情绪的作用。**

人们看到感动的内容，就会触发他去点赞，就是因为情绪；

"情绪"的魔力：

情绪会引导用户去做些"平时可能不做的事情"！

所以短视频平台销售产品，卖得更贵，还卖得更好；

这个魔力就是：人们不是在理性中买单，而是被情绪左右而感性下单。

——《短视频速成10万+》

人们看到不认同的画面，就会触发他们去评论区说几句，也是因为情绪；

这就是抖音"情绪"的魔力——引导人们去做些"平常不可能做的事情"，这就是为什么抖音上面卖产品往往比较贵，还卖得很好，因为人们不是在理性中买东西，而是被情绪左右而感性下单。

情绪是装扮，一秒进角色

无论任何一个抖音视频，都需要注入情绪来装扮它。

就像生活中一个普普通通的人，他就在你身旁坐着，没有任何特点，你看一眼，很快就会忘记他，**但是一个打扮奇特的人从你身边走过，他会很快引起你多看几眼，产生深刻的记忆。**

在我们锡恩中国抖商大学里面也会教大家，要在第一秒就抓住人的眼球，10秒之内调动观众的情绪，需要传递出一个有情绪有感情的内容，**制作出有高潮与观众情绪同频，突然起哄，引起冲突，产生对抗，突然翻转，这些都是调动情绪必须具备的元素。**

如果想要卖出去产品，不去对你的视频"精心打扮"，调动观众的情绪，观众怎么可能会产生"购买"的动机呢？

" 10 秒内之内调动观众的情绪，制作出有高潮与观众情绪同频的四个法则：

　　1. 突然起哄；2. 引起冲突；3. 产生对抗；4. 最后翻转；

"

——《短视频速成 10 万+》

我们再回到"路边小郎君"点赞 155 万的这条内容来说，孩子的思乡，母亲对子女的爱，陌生人的帮助，打拼的艰辛，多种情绪混杂，使得每个人都能找到自己，情绪的作用爆棚。

情绪触发了人们点赞和转发的动机，使得这条内容上了热门。那么，同样的道理，**如果我们在视频橱窗上"挂上产品"，那么观看者的动机自然转化成为"购买产品"，来作为情绪的输出口！**

所以说抖音那些能够获得流量并触发购买的视频，无一不在运用"情绪"这个武器！所以，不要讲你的内容不行，你的作品不好，没有不好的内容，只有不会给内容注入情绪的人！

三、评论是杀手，没有好评论的抖音接近死亡

6.5 万人评论，上亿观看量，揭秘抖音热门背后评论发动机！

"一个 11 万粉丝抖音账号小石头，发布一条随拍内容，带动 6.5 万人在视频下方留下评论，直接把视频推成抖音热门中的热门，超 250 万点赞，预计后台观看量过亿。"

过亿观看量意味着什么？

必胜客曾经与抖音共同合作推出"DOU 出黑，才够 WOW"，超过 2 万人共同参与话题活动，后台统计观看量破 1 亿；像这样的活动，必胜客需要向抖音支付至少 200 万左右的费用；

别人需要付 200 万才能获得的过亿观看量，一个短视频就能轻松突破，这个背后的秘密究竟在哪？

抖音视频要想上热门，其实在玩一个流量池的"闯关游戏"，通过视频内容去面对抖音后台的机器评分，评分的标准分为几大方面："**1. 完播率，2. 转发量，3. 评论量，4. 点赞数**"。如果评分越好，你就能够在抖音设置的进阶流量池里面不断"闯关升级"，获得更多的观看量；

其中，完播率，转发量，点赞量，这些都是没办法跟人交流的单向行为；

唯一只有"评论"是需要别人撰写，并且**账号本身可以进行互动的"双向行为"，并且经由粉丝的经典评论，可以形成多方交叉的多次交流讨论。**

所以，我们会发现，一个视频能够源源不断与粉丝之间有互动交流，获得推荐，评论才是真正的"发动机"；

发动机的动力越足，这个**视频的持续活跃度就越高，自然就能更多的在流量池"闯关游戏"里面去获得高分；**

这就是我们把评论称为"杀手"的原因，因为多条优质评论，可以带领你这个视频内容一路过关斩将，直接让抖音给到超过千万，甚至上亿的长期推荐量。

（我带领的抖商账号超 1000 万的长期流量池推荐）

> ## 短视频火爆四大原则
>
> 原则一：点赞背后是感动；
>
> 原则二：评论背后是认同；
>
> 原则三：转发背后是收获；
>
> 原则四：关注背后是价值；
>
> ——《短视频速成10万+》

如何更好的获得评论

在中国抖商大学，我们有一个抖音公式叫：

短视频火爆四大原则

点赞背后是感动，评论背后是认同，

转发背后是收获，关注背后是价值；

就是说你想获得评论的话，**需要别人认同你视频内容所表达的价值观；**

大家注意，这个里面还有一个要点，那就是**如果别人强烈不认同某种行为，场景和你传达的价值观，别人也会对你进行评论；**

我们前面所提到的这条视频为例，6.5 万人留言评论，就是因为同时符合了以上这两条：

1、强烈的认同

本条视频的标题是："780 斤三型混凝土枕木，一个人换，真爷们，为了家庭，真不易"；

伴随着"像一个爷们一样的活着，生活路上太多坎坷，谁能一笑而过"的音乐，看到一个光着上身的铁路工人，搬动 780 斤的枕木，**谁都会被这样的场景和个人奋斗感动；**

所以评论区里面一条经典评论："这是谁的儿子，又是谁的老公，若非身上千斤重，谁拿生命赌明天"，单条评论获得 5.9 万人对评论点赞；

同时引爆连续跟帖："谁家的儿子不是宝贝，谁家的老公不是顶梁柱，谁家的父亲不是如山一般伟大，生活啊生活，一言难尽"。

就这样，大家在这个评论下，**不停互相回复评论，使得账号持续获得热度；**

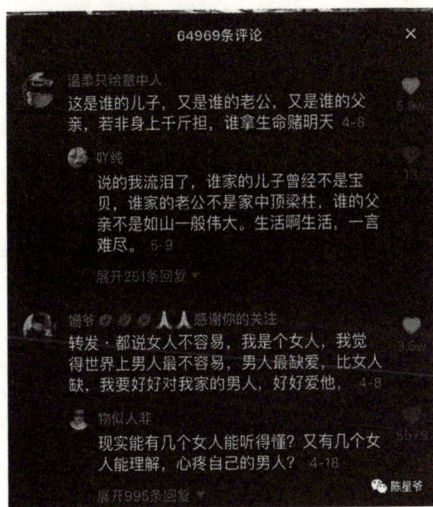

2、强烈的不认同

本条视频还有一个细节，那就是铁道工人在搬运的时候，旁边的监理背手旁观，使得评论里面形成了另外一派："看到站着那个人，心情瞬间爆炸；"的一条评论，同样获得超过 4 万的点赞；

这就是我们讲的另外一种评论方式，**那就强烈的不认同某种行为，场景和你传达的价值观，也会对你进行反面的评论。**

通过这个案例，大家就能看到，能够让人认同和强烈不认同的内容，都能激发每个人的参与性，去启动评论这个"发动机"！

第四节

抖音热门三要素：喜好、认同、好处

"

娱乐类视频，就是如何让别人开心快乐，用户点赞这类视频的动力是："喜好"！

情感类视频，就是要把情感表达出来，用户点赞这类视频的动力是："认同"！

知识类视频，就是要学习各种知识与工具，用户点赞这类视频的动力是："好处"！

"

——《短视频速成10万＋》

为什么一个短短十五秒的视频，会得到百万级的点赞？

一个视频点赞到了百万级，那么估计这个视频的观看次数可以到几千万，甚至上亿。比如这是著名战略专家姜汝祥的账号，**他的一条"同事不是朋友"，不到 20 秒的小视频点赞量是 28 万，观看量超过 1800 万。**

再比如，锡恩销售这个账号，一条《学会这样说话，档次提高 10 倍》的图文内容，点赞达到 43.3 万，观看超过 1100 万。

可以想象一下，如果一个东西有千万级的观看量的话，那这个已经相当可观了。

那么，这些点赞的背后有没有什么规律呢？

抖音上的视频大致可以分为三类，这三类视频点赞背后的动力大不一样：

· **娱乐类视频**，这是抖音中最大量的视频，人们做这类视频的标准，就是如何让别人开心快乐，用户点赞这类视频的动力是**"喜好"**。

· **情感类视频**，这是抖音中的第二大类视频，人们需要把自己的情感表达出来，用户点赞这类视频的动力是**"认同"**。

· **知识类视频**，这是抖音中的第三大类视频，人们通过视频学习各种知识与工具，用户点赞这类视频的动力是**"好处"**。

一、喜好：百万级点赞第一个秘密

下图是抖音上点赞量 187 万的视频。

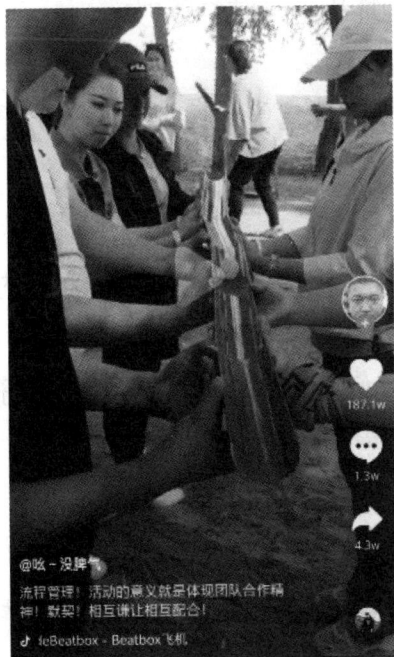

在视频中每个人用一小节的半圆形的东西来接一个球在上面滑，球在半圆形的管子上向下滑动，后面的人接住球，继续下滑。

这个游戏很多人，在军训或者公司的拓展训练中。**它的目的是让大家来体会让球顺利滚到圆筒里面去，需要团队的合作，任何一个人的失误，或者说不参与，都会导致活动进行不下去**。这个很普通的视频为什么会获得 187 万的点赞？

这就是喜好原理在发生作用。

有销售员在总结销售技巧时，经常会提到两点：**客户喜欢你 + 不错的产品**。不错的产品不难，关键是如何让客户喜欢你。

我们每个人天生会对带来快乐的东西有好感，这就是喜好的作用。喜好有两种：

一种是大家的喜好，比如：美丽的景色，这就是公共喜好。

另一种是文化喜好，比如：美食中的火锅在四川人眼中是宝贝，但在江浙人眼里可能就没什么大不了，这就是文化喜好。不同的人有不同的喜好，这是由每个人的生长环境与个性造成的。

比如上面这条视频，就是文化喜好，也就是很多人在军训或拓展训练中，经历这样的场景，**所以，当**

这样的场景再现，就会激发相同的体验感。

为什么双方交往，有人莫名其妙地对对方有好感，有人莫名奇妙地对对方厌恶？

同样的，从小学、到中学、到大学，不同的成长环境，决定了我们每个人的喜好既有一样的地方，也有不一样的地方。比如为什么很多年龄大的人不如年轻人喜欢抖音，就是因为抖音的主流人群是 18-25 岁的年轻人。

这样我们就明白了，原来在抖音流行的背后，有一个因素在起作用，那就是喜好。**结论是：要想做一个百万级的热门抖音视频，就要去挖掘大家共鸣的内容。**

二、让他认同：百万级点赞的第二个秘密

什么是认同？我们看看这段话

"什么样的女人最值得珍惜？这样的女人应该奉若珍宝，她是男人春风得意时的一条鞭子，穷困潦倒时的一根柱子，意乱情迷时的一颗钉子，饥肠辘辘时的一把勺子"。

请问，大家看完之后有什么感受？相信会有一个共同的感受，那就是找老婆就要找这样的。

再比如这段话：

"请记住，大部分人都会打击你，因为他们害怕你超过他，请记住所有人对你的打击，你要将它当成耳边的苍蝇，要相信自己，天生我材必有用。"

这条抖音也获得了很多点赞和转发，因为它抓住了很多人内心的伤疤，中国父母不懂得赞赏教育，总是打击孩子，想通过更大压力和更多的打击让孩子来成长，其实这是错误的，这样的方式使大量已经长大的成年人内心产生了很多伤疤。

> 她给了你好处，你就会觉得欠她的，欠了就要还，怎么还呢？点赞！点赞就扯平了。如果你不点赞，你就总觉得自己欠着对方。这种心理现象，社会心理学叫施人恩惠。

——《短视频速成10万+》

三、好处：百万级点赞第三个秘密

下图是一个三百万的点赞视频。

这个视频的内容，**是教大家如何将变黄的衣服变白。**用温水，放上苏打加上柠檬，然后泡上一晚上，再放到洗衣机中洗，就会变白。

所有看过这个视频的人都有一种感触，那就是如果她不告诉你，你是不知道的。**她给了你好处，你就会觉得欠她的，欠了就要还，怎么还呢？点赞！**

是的，点赞就扯平了。如果你不点赞，你就总觉得自己欠着对方。这种心理现象，社会心理学叫**施人恩惠。在抖音里面最受欢迎的就是这类视频。**比如教你怎么做饭——教你用简单的办法做出好吃的东西出来。

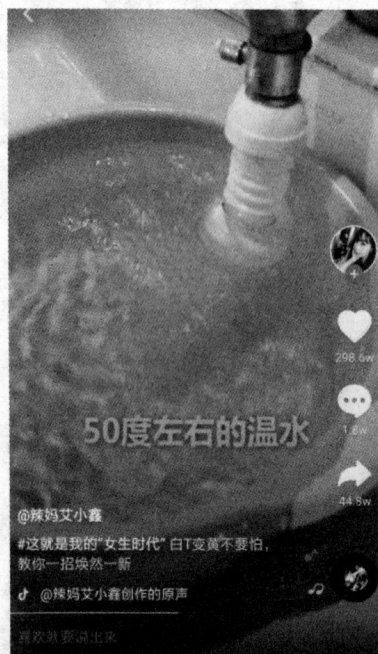

第五节

短视频营销三大维度：财富，地位与声望

"

短视频新营销的三维度分别是：

企业家代表财富，官员代表地位，教授或者明星代表声望。

"

——《短视频速成10万+》

在社会学中，衡量每个人的行为有三大维度分别是财富、地位、声望，在我们的社会生活中，这个三大维度的分别是：**企业家代表财富，官员的代表地位，教授或者明星代表声望。**

在几乎所有抖音热门小视频的背后，都可以找到这三个要素。**比如谈漂亮、减肥，健身，这些都是在谈一个人的社会地位，也就是说，漂亮的要比不漂亮的人的地位要高，身材好的要比身材不好的地位要高。**

一、财富维度：财富就是价值

我们看这样一个视频：

一位结了两年婚的女士，边说"我终于浪漫一次了"，边小心翼翼地打开一个特别漂亮的盒子，里面是很漂亮的鲜花，围着一叠人民币。

我们做一个对比：一位女士收到了一束特别漂亮的鲜花，和这位女士收到一个精美的盒子，里面是用钱做成的鲜花，大家会觉得哪一个更浪漫？

相信 90% 以上的中国人都会觉得后一种更浪漫，**我们把"财富"的价值等同于"浪漫"的价值，这就是财富效应。**

在社会现象中，很多人会把有钱当作有能力，会把有钱等同于幸福，会把有钱当成身价。比如在一个相亲节目中，一个女孩子会因为男孩用了一部廉价的手机，就不愿意跟他交往，为什么？

她的回答是，当他们未来在一起，人们看到他男朋友的手机时，就会嘲笑她："你怎么和这么穷的男人在一起？"

比如，抖音中，有一位女士在华丽的饭店里面拍了一段，边走边说：

"女人一定要会挣钱、会开车、会打扮，车子有油、手机有电、钱包有钱，就是安全感，指望别人都是扯淡。"

在这里，财富显然是与女性独立联系在一起，财富或金钱不仅仅代表着物质，也代表个人能力，代表地位，甚至代表个人的独立性，代表个人的精神风貌，这些都在说明**社会财富在人们生活中的重要影响**。

比如抖音中有这样感人的场景，一个小姑娘离开奶奶的时候，奶奶使劲给她塞钱，女孩子说"奶奶，我有钱"，可是奶奶还是给她，这里大家看到了什么？

我们看到的是一个老人对自己孙女的爱，这个爱就是通过给孩子零花钱来体现的。

二、地位维度：地位就是价值

参加过婚礼吗？

婚礼场景中，必备的要素有哪些？

第一，新娘一定要穿婚纱；

第二，婚礼一定在特别气派的酒店；

第三，接新娘子的车一定是最高级的车，迎亲的队伍是很气派的高档车，婚礼现场一定布置得就像皇宫一样。

为什么要这样？这就是人们衡量价值的第二个维度：**地位**。

车代表地位，富丽堂皇的五星酒店代表地位，场景布置、像白雪公主一样的婚纱、各种礼花、音乐显示出气派、高贵都是地位的象征。

抖音里有一个视频：一个女儿要参加同学聚会，找爸爸要钱，爸爸很高兴地给了她很多钱，女儿高兴得走了。儿子看到后也管爸爸要钱，爸爸假装没看见。

如果儿子坚持要钱，老爸会不会像对女儿一样的给儿子钱呢？不会！老爸一定会反要问儿子：你要钱干嘛？使劲盘问很多问题，这说明什么？说明在家庭里，就信任层面，女儿的地位是明显高于儿子的。

声望原理

讲的是人们需要在某一个时刻产生尊敬感，

感觉体系瞬间得到了升华，而且产生出了一
种神圣的感觉，这个就叫声望。

——《短视频速成10万+》

三、声望维度：名声就是价值

我们在抖音中见过这样的场景，那就是国旗班的战士在升国旗时神圣感——**整齐的团队、标准的步伐、雄伟的身姿、统一的服装，整个过程让人感觉到有尊严。**

所谓的声望原理，讲的是人们需要在某一个时刻产生一种神圣感，产生对某人某事的尊敬感，让人们感觉到它值得尊重，让我们的感觉瞬间得到了升华，而且产生出了一种神圣感，这就叫声望。

骑摩托车的小哥，看到路对面有树枝掉下来落到地上，于是就把摩托车停在路边，他穿过车流，把树枝捡过来，目的是为了防止有人被树枝绊倒。

一位女清洁工，她看到一个穿着玩具服装的人在发传单，传单掉地上了（穿玩具服装弯腰很费劲），这位清洁工阿姨把传单捡了起来并递给他。

这两个视频都超过了 100 万的点赞，大家为什么点赞？因为尊重！比如小哥把路上的树枝挪到边上，这个行为值不值得赞扬？太值得赞扬了！一位清洁工阿姨帮助一个发传单的人，把掉在地上的传单捡起来给他，这种行为值不值得尊重？太值得尊重了。

与此相对应的我们讲的声望的背后叫反声望，什么是反声望？**搞怪就是反声望，现在搞怪越来越多，搞怪其实就是把一个体面人变成了一个小丑，由此产生一种娱乐。**

第六节

短视频魔性从何而来

"

短视频上来就是瞬间

瞬间就是永恒，瞬间就是光芒

这个瞬间就是我们人世间最美好的一面，
浓缩在这一瞬间绽放出来，使得我们每个人从
这一瞬间被感动。

"

——《短视频速成10万+》

很多人困惑，每次刷抖音怎么一刷几个小时就过去了？这就是抖音的魔性。

抖音视频中有这样一个场景：有一位满脸煤灰黑乎乎的煤矿工人，周围是很多下矿井的工具和灯。还可以看到有穿着校服孩子和妻子来看望，这位煤矿工人的女儿去拥抱父亲，父亲感觉非常的惊喜，又觉得有点不好意思。

这个视频在十几秒中，呈现的场景让我们感觉到了人世间最伟大的真情，这种情感通过中国最底层矿工的生活背景，即社会最底层的劳动者与他们散发出的人性光芒形成了一种对比，每个人刷到这一条视频的时候，都会瞬间被感动。

一、抖音魔性的本质：内容在一瞬间点亮人性的光芒

所以，我想说，抖音魔性最本质的东西不是抖音的，是大众的，是人性中的光芒。**在我们日常的工业化社会中，很多人麻木了，每天上班挤公交，每天做大量的工作，繁忙的工作生活使我们忘记了很多人性中非常美好的东西。**

当你在抖音刷某一条视频的时候，突然间想起了自己的父母，突然想到了社会中还有那么多劳苦的大众，瞬间对人性的赞美与尊重就被点亮了。

这就是抖音魔性的本质**是借助互联网的手机的形态，让我们看到了瞬间，经由视频，这一瞬间就变成了永恒，**会在很多人的脑子里烙下很深的烙印，甚至会影响你很多天，你会反复的回想这个场景。

回想一下，过去人们什么时候最易感动？这种感动在看电影、看电视剧的时候可能出现，看电影需要一个半小时，电视剧可能要看很多集才有感动的那么一瞬间。

抖音不一样，抖音上来就是瞬间，瞬间就是永恒，瞬间就是光芒，这个瞬间就是将我们人世间最美好的一面，浓缩在这一瞬间绽放出来，使得我们每个人瞬间被感动，这是抖音魔性第一个逻辑！

短视频的魔力

短视频的 8 亿用户，会分成不同的模块，在这些模块里，大部分人的喜好是一样的；

同时，又会因为自己的阅读习惯而获得个性化的推送，更重要的是，每个视频都只有几十秒，上来就直接高潮。

——《短视频速成 10 万+》

二、抖音魔性成因：一套几何叠加逻辑的推送体系

抖音魔性的背后，是它有一个去中心化的推送体系。我们传统的阅读模式，比如说微博与公众账号，你看到的是你订阅的内容。你看朋友圈动态，因为你加了这个人好友！

抖音不一样，抖音是一套推荐体系，所谓推荐体系就是它会根据你的观看习惯，如果一条内容你从头看到尾，它默认你很喜欢这类的东西，就会在后台里面把同类的东西推荐给你，当看到同类的东西，你又被感动的时候，它就又会再推荐给你新的内容，**这就形成了所谓抖音魔性的几何叠加。**

而对内容创造者而言，每个视频抖音都会给你一个观看量，通过这个观看量的测试，选择优质内容，这就意味着，无论你有多少粉丝，只要内容好，都会可能成为热门，这是一种去中心化的内容机制，也是魔性的根源！

从宏观统计学的角度上讲，这是一个什么场景？

抖音有8亿人的话，这8亿人会分成不同的模块，在这些模块里，大部分人的喜好是一样的，同时，又会因为自己的阅读习惯而获得个性化的推送，更重要的是，每个视频都只有几十秒，上来就直接高潮，这就是抖音的魔力！

短视频流量篇

——从零做到千万，用抖商创造销售奇迹

第一节
抖音是机器，结果会演戏

"

短视频机器的三大核心运营机制

"人人不同，千人千面"的智能推送机制

短视频用户的贴标签机制

短视频账号及作品推荐机制

"

——《短视频速成10万+》

"一个抖音账号销售 21 万单，超 2000 万销售额，长期霸占达人销售排行榜前五名，它是怎么做到的？"

一个卖樱桃的抖音账号，销售超过 21 万单，按照橱窗热销款单品 99 元计算的话，**销售额突破 2000 万，并长期霸占抖音达人销售排行榜前五名，**很多人一定觉得这是某个视频团队精心策划的内容，聘请知名代言人才能创造的业绩奇迹；

然而，当我们仔细研究这个抖音账号，你会发现，它每天发布的仅仅是一些采摘樱桃场景，樱桃包装过程，种植户吃樱桃现场拍摄，没有字幕，没有情节，**大量重复，同一个视频不断多次发布；**

这个在很多人眼里，显得"很不专业"的抖音账号，是**如何做到 2000 万销售额的？**

在回答这个问题之前，我想先来讲一个故事：

"一群老头老太婆扭屁股，看着就恶心"

"敲锣打鼓吹嘘功效，影响看电视心情"

"嘴里喊着今年过节不收礼，收礼只收脑白金，全是病句"

15 年前，中国大大小小的电视机里面都出现了这么一个无尽无休播放的广告，因为观众不胜其烦，这个叫"脑白金"的产品广告年年被评为"十差广告"之首！但是，正是这个广告使得脑白金销售呈百倍千倍的增长，短短几年成为中国保健品行业霸主。

史玉柱是这么讲的："我们的广告前 3 个月到前 6 个月，一直从中央台到地方台，密集的播，包括县里的台，全部都在播。播得太多，工商局都来管我们了。"

要想销售产品，就要让更多人看到你的产品，过去史玉柱靠"惹人烦"的电视广告都能够创造了脑白金神话！那么，当今天每个人手机里面拥有了短视频这个"电视台"，只要你了解平台运营机制，就能够把视频推送给几千万人，而且还不需要花广

告费，这是一个多么巨大的机会！

那么，想要让更多的人在刷抖音的时候看到，那么就必须了解短视频平台 "三大核心机制"：

一、"人人不同，千人千面" 的智能推送机制

智能推送机制，讲的是短视频平台"以用户为中心"，**后台通过大数据计算，在不需要你关注账号的基础上，最终实现内容个人化阅读，让每个人看到的内容都是各不相同的，最终达到"人人不同，千人千面"的目的。**

在这种机制下，你不断看到的都是你关心喜欢的内容，你会突然发现：短视频平台 "比你更懂你自己"。

"

后台通过大数据计算，在不需要你关注账号的基础上，最终实现内容个人化阅读，让每个人看到的内容都是各不相同的，最终达到"人人不同，千人千面"的目的。

"

——《短视频速成10万+》

二、"贴标签机制"

1. 给人贴标签

一方面，后台大数据会根据这些内容进行信息采集：

1. 个人资料；

2. 关键词搜索的记录；

3. 浏览的比较多的类目视频；

4. 点赞视频数据，评论数据，通讯录的圈子关系等。

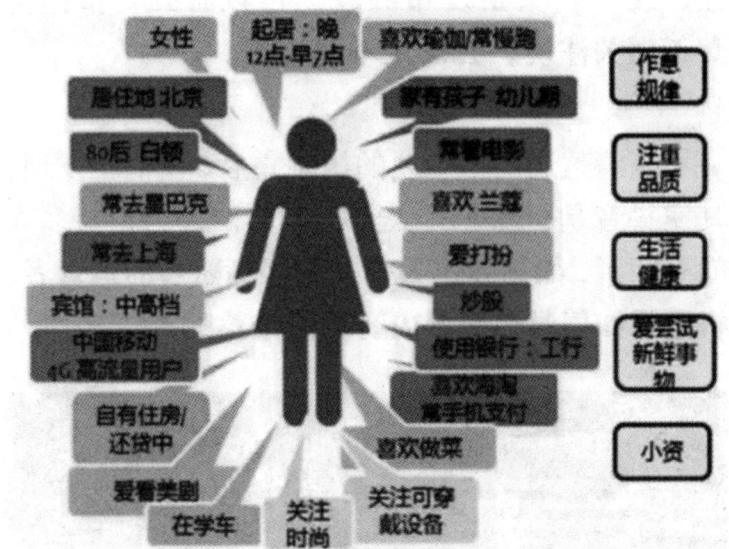

另一方面，后台会不断的记录你的浏览，点赞，评论等这些"喜好"，对每一个人贴上很多个标签，比如你是一个"爱打扮，常看电影，喜欢瑜伽慢跑的 80 后白领"，这就是系统给账号贴上的不同标签，根据标签系统就会给你推送你可能感兴趣的内容。

所以，每个人在短视频的平台，都会有另外一个"互联网身份"，记录你很多不同的行为，给你贴上一些全新的"喜好标签"。

2. 给内容贴标签

同时，短视频平台也会给不同内容贴上标签，在今日头条发布的数据可以看到，根据男女不同关注度，会贴上不同标签。

搞清楚这两个重要的机制之后，我们会发现，其实抖音是机器在对人进行判断。那么，很多人就要问了，**如果我作为一个短视频账号的运营者，机器又如何对你账号内容进行推荐呢？**

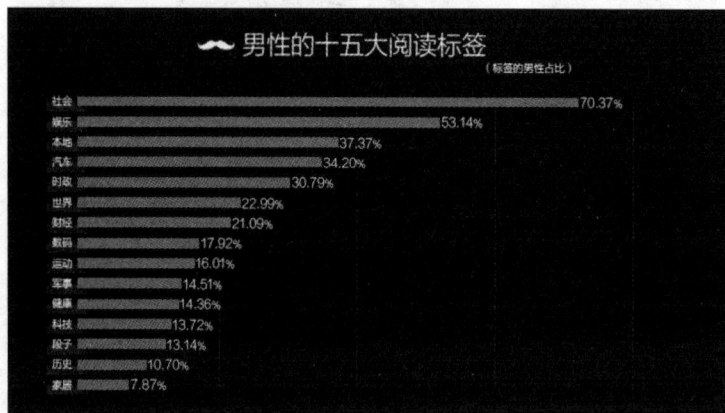

男性的十五大阅读标签
（标签的男性占比）

标签	占比
社会	70.37%
娱乐	53.14%
本地	37.37%
汽车	34.20%
时政	30.79%
世界	22.99%
财经	21.09%
数码	17.92%
运动	16.01%
军事	14.51%
健康	14.36%
科技	13.72%
段子	13.14%
历史	10.70%
家居	7.87%

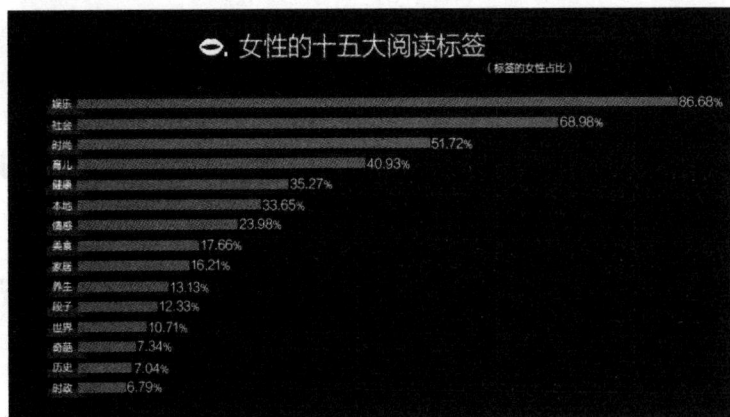

三、短视频账号及作品推荐机制

1. 视频作品的"7个方面"

短视频平台每天都有上千万个视频上传，如何从这些上传视频里面突围出来，那我们就必须了解作品的推荐机制。

短视频平台对单个作品进行推荐，会考核以下这些内容：

A. 完播率；B. 转发数；C. 评论数；D. 点赞数；E. 账号资料完善度；F. 账号内容；G. 视频播放量；

对于你发布的视频，短视频平台都会从这些方面进行评估，如果各方面都能够得到不错的评分的话，平台就会把你的视频推荐给更多的人。

2. 抖音账号评分的"五大维度"

A. 账号健康度，内容是否触碰过问题画面和敏感词

B. 账号活跃度，每天你是否是一个真实用户在运营抖音

C. 账号垂直度，内容方向是否在一个领域内给别人带来价值

D. 账号互动度，能否及时跟粉丝进行交流互动

E. 账号原创度，原创内容占据账号发布视频的比例有多少

同样，对于账号本身，短视频平台也会对你进行以上5个维度的判断，如果评分很高，根据账号类别，抖音就会通过大数据流量池对不同"兴趣爱好"的人群，进行智能化推送。

搞清楚了短视频平台这"三大机制"，我们回头来看之前卖樱桃的账号，就是很好的利用了这些视频机制，帮助它把内容推送给更多关注"美食"，"水果"的人群，然而，这些人根本不需要去关注这个账号。

那是什么决定了你的内容出现在更多人的手机里？

抖音的推送机制是根据我们提到作品内容的"7个方面"进行判断，然后不断的给予你不同数量的"流量池"。

抖音的"流量池"推荐原理

第一个流量池：200-500 的播放量

第二个流量池：2000 左右观看量

第三个流量池：10000 左右观看量

第四个流量池：10 万左右观看量

以此类推，最后播放量会到 1000 万，5000 万甚至上亿观看量。

短视频平台每天要上传上千万个视频，那么抖音如何判断**"哪个视频内容好呢？"**

答案就是：它无法人工进行判断。

平台不可能聘用几十万人来每天"观看内容"，他是通过一套大数据算法对内容进行判断。

这就解释了为什么我们经常会在抖音上看到"重复的经典内容"，**这个内容火了，另外一个人拿来用也可能火；**

这就是我要给出的结论：抖音是机器。

所以一个卖樱桃的账号，销售了 21 万单，**并不是他视频拍得有多好，而是他懂得了机器的算法推荐审核方式，然后"演戏"给抖音机器看，**让机器给予他更多的播放量，推荐到几千万人面前，使得更多人愿意下单购买；

第二节

演给机器看的"六场大戏"

"

第一场戏：演出"三高"视频内容作品

第二场戏：演出高活跃度，提升账号质量

第三场戏：演出高健康度，规避账号限流及警告

第四场戏：演出高专业度，让机器认为你是专业选手

第五场戏：演出高原创度，获得平台高流量

第六场戏：演出高互动度，让更多人与你交流

"

——《短视频速成10万+》

如果短视频平台是机器的话，那么，当我们运营账号的时候，**完全就可以"演戏"给平台看，让短视频平台给予账号进行更好的评分；**

那么这个戏该怎么"演"呢？

演戏不是作假，而是让我们主动把自己提升成为一个高质量账号的运营者。

第一场戏：演出"三高"视频内容作品

上一篇我们讲了，机器对于内容作品，主要从7大方面进行打分，这里面有三个重点部分：1.完播率；2.转发评论数，3.点赞数，这个部分可以让我们去演出一场大戏。

1. 高完播率

一个视频能否被用户看完，决定了你这个视频的受欢迎程度，这是短视频内容一个最为重要的"硬指标"，完播率指的是视频的播放完成的比例。

比如 100 个人看，有 50 个人看完，和有 10 个人看完，这个比例就是完全不一样的，还有用户多次重复播放，也是非常好的加分项。

如果是这样的话，**其实 10 秒左右的视频权重**

> ## 高完播率的"10秒原则"
>
> 10秒左右的视频权重会大于60秒视频，因为大多数人都没有办法坚持看完60秒的视频作品。
>
> 60秒的完播率自然不会高，10秒的作品反而更够能增加完播率＋重复播放率。

——《短视频速成10万＋》

会大于 60 秒视频，因为大多数人都没有办法坚持看完 60 秒的视频作品，60 秒的完播率自然不会高，10 秒的作品反而更能够增加完播率＋重复播放率；

方法一：所以对于新账号，我们推荐大家可以用单张图片进行"录屏"，然后选择较短的视频时长，让观众愿意反复观看。

方法二：在视频标题，视频开头、结尾画面，可以用一些文字内容进行引导：比如"一定要看到最后"、"结尾让我大吃一惊"。

2. 高转发评论数

转发和评论是可以同步操作的功能，在短视频里面也是一个重要的权重，我们可以通过不同渠道和方法来让别人给予我们进行转发评论！

方法一：可以在评论里面 @ 好友，请好友给你转发评论；

方法二：通过短视频私信功能，转发给一些跟你认识熟悉的大号，让他们给你进行转发评论；

方法三：通过建立账号转发微信群等方式，把作品链接直接发送到微信群当中，让群友给你进行转发评论；

方法四：设置问题，与观众互动交流，提高评论量。比如"猜到了开头，你猜得到结尾吗？""你们是不是也经常这样？"

3. 高点赞

提高点赞数，不仅可以提高账号的权重，也是用户对你视频质量高低的一个重要判断。

方法一： 主动要点赞

在视频结尾，出现一个点赞的红心小图标，或者出现一个箭头指向点赞位置，提醒用户去给你点赞，指挥用户去做这个动作的视频，点赞量都很高。

方法二： 标题文字引导点赞

标题文字引导点赞。比如"记得点赞再走"，"点赞的人这个月会有好运"等文字内容引导点赞。

方法三： 内容植入点赞

"如果你觉得我的视频对你有帮助，请给我一个小红心"。

"花了很多时间给大家制作的视频，大家能给我个赞吗？"

很多真人出镜的视频，通过点赞的方式，让粉丝表达他们的认可和犒赏。

第二场戏：演出高活跃度，提升账号质量

高活跃度的账号如何"养"？（新老账号都要养）

账号养号每天每个账号必须日常刷抖音，不管是运营了多长时间和多少粉丝量的账号。

怎么通过看内容养号？

1. 中午：刷 15 分钟短视频（12:00-14:00）

2. 下午：刷 15 分钟短视频（17:00-19:00）

3. 晚上：刷 20 分钟短视频（20:00-23:00）

怎么通过直播互动养号？

每天至少看直播 10 分钟时间，互动两分钟，建议在 21:00-22:00 看直播，因为每天晚上直播观看的人会比较多；然后在直播中与主播进行互动，互动频率比较高，还能引导一批大号的粉丝加你成为好友；

怎么通过点赞养号？

每天点赞 40-50 个作品，多去点赞同类型账号的作品，点赞粉丝比较多的大号；

> 看视频养号的三个重点时间
>
>   1、中午：刷 15 分钟短视频（12:00-14:00）
>
>   2、下午：刷 15 分钟短视频（17:00-19:00）
>
>   3、晚上：刷 20 分钟短视频（20:00-23:00）

——《短视频速成 10 万 +》

怎么持续更新视频?

保持更新的频率非常重要,对于新号,每天更新 2-3 条,对于粉丝量比较多的账号,每天更 1-2 条,坚持更新,系统会认定是一个持续在正常运营的账号!

第三场戏:演出高健康度,规避账号限流及警告

碰到敏感词及敏感画面怎么办?

如果账号作品发布出来很长时间,观看量不涨,数字停留在几十个,那么就要考虑内容是否触碰了敏感词和敏感画面,判断账号问题有两个方法:

1. 用另外一个抖音账号下载你的作品,如果出现不能下载的情况,说明这个内容不会给你推送。

2. 去使用"上热门"功能,也就是我们常说的"dou+",对你的视频进行推送,如果出现一个"小哭脸",说明抖音也不会推送你这条视频。

出现这类问题,第一时间把视频隐藏或者直接删除掉。

在什么网络条件下发布视频？

如果同时运营几个号，又在同一个 IP 地址批量发布，平台机器会审核这批账号，都在一个地方集中发布内容，很有可能判断你的账号是机构运营的点赞号，所以在我们发布作品的时候，一定不要用 WIFI 去进行发布，最好在不同地点，用 4G 进行内容发布。

第四场戏：演出高专业度，让机器认为你是专业选手

发布什么内容？

每天发布的内容必须跟账号定位相关，比如你做的是自律方面的，内容必须与自律励志相关，画面标题尽量保持统一。

应该点赞什么视频？点赞评论应该注意什么？

如果你做的是自律方面的账号，当你刷到自律、励志、情感类的视频，等别人的视频播放结束了再点赞！多去点赞评论同一个类别的账号，不要什么视频都去点赞评论。

第五场戏：演出高原创度，获得平台高流量

如何认定你是原创？

尽量通过抖音软件本身拍摄视频内容上传，这样视频保证 100% 原创，针对原创的内容抖音有流量扶持，平台会判断你的原创度更高。

上传视频应该注意什么？

平台会对你的视频进行"查重"，检测原理就是从视频中随机抽取一点或者多点，然后和已经发布的视频进行对比，很容易就能检测出你这个视频属于原创还是搬运。所以对于使用其他视频的内容，必须通过混剪，改变声音，改变视频版式颜色等方式规避。

第六场戏：演出高互动度，让更多人与你交流

怎么进行转发评论互动？

有评必回，多跟给你评论的粉丝进行交流。抓住身边的每一个有账号的人进行互动；如果是公司，内部人员务必要给点赞，评论。

怎么回复评论互动？

当你评论别人的视频时候可以选择评论并转发，每天至少转发 10 个。切记：一定要等视频播放完了再评论！

如何写出好评论？

可以去参考别人怎么评论，平时可以多收藏经典的评论，挑选至少 50 条优质评论作为你的备选，这样，给别人评论的时候就可以使用。

通过抖音一系列算法机制，我们可以看到，抖音是机器在对账号及作品进行判断，那么作为一个账号的运营者，只要按照平台规则"演戏"给平台看，我们就能从千万个视频中脱颖而出，让更多的用户看到我们的作品，当视频内容曝光在更多人面前的时候，我们卖货就是轻而易举的事情了！

第三节

新流量策略下的抖音五步法：
"定位—内容—橱窗—社群—代理开店"

"

如果短视频能够帮助你把内容推送到几千万人面前，那么我们就通过锡恩中国抖商大学的案例，来讲解"抖音五步法"，如何帮助大家把海量流量进行转化。

"

——《短视频速成10万+》

如果短视频能够帮助把你的内容推送到几千万人面前，那么我们就通过锡恩中国抖商大学的案例，来讲解"抖音五步法"，如何帮助大家把海量流量进行转化。

第一步：定位引流

头像

头像是最好传达你账号定位的地方，所有短视频的观众，首先只有通过点击头像这条路径，才可能进入到你的账号关注更多信息， 头像要想引流，在设置时，把你的定位名称作为头像图片。

账号名

账号名要让你第一眼就知道你是做哪方面内容的，也就是你的内容定位，名字尽量不要超过 9 个字。

背景图

每一个短视频账号背景图都是客户获取信息的重要途径，也是引流微信最重要的环节， 那么如何才能让别人添加你，只有一个方式，那就是"给好处"，给足粉丝好处，让他们到私信里面来交流，从而把抖音粉丝引流微信。

你可以用这些文字内容把人引流下来：

1. "关注我，到私信免费领取短视频实操手册"

2. "优秀的人，都点这里关注，有惊喜礼物"

3. "就差你的关注，私信我，送短视频8个秘籍"

总之，这张顶部的图，最重要的作用只有一个：引流。引流的核心就是"给好处"，让别人加你获得好处，不要把这个千万人能够看到你引流信息的地方错过了。

私信

私信是一个非常重要的环节，注意不要在私信里面直接提及"微信"二字。

可以通过下面2种方法把人引流出来：

如果是引流个人微信号，直接发送微信号给对方，同时注明"+我赠送资料"；

如果是引流到微信群，首先关注对方，这样私信就可以发送微信群二维码图片，并注明："索要资料的人较多，你保存上方二维码，扫码进群，我在群内统一赠送短视频实操手册电子版！"

> 顶部背景图，最重要的作用只有一个：引流。引流的核心就是"给好处"，让别人加你获得好处，不要把这个千万人能够看到你信息的"广告位"错过了。

——《短视频速成10万+》

第二步：内容引爆

内容 = 产品，做什么引流产品，内容就务必在这方面进行引爆。

以抖商大学运营的账号为例，所有内容聚焦"销售，自律，短视频"三本书，通过书里面的内容，获得几十万点赞，从而把内容曝光到几千万人面前。

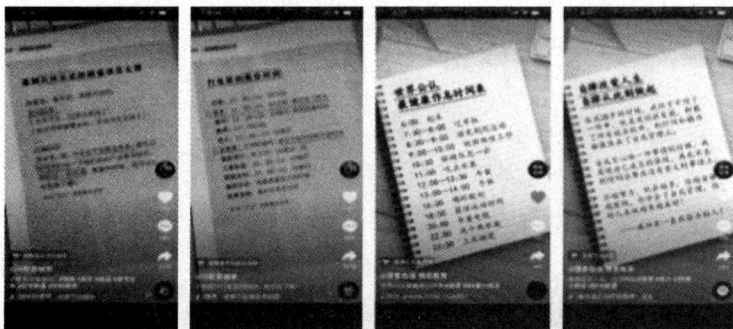

毕竟抖音时长有限，无法表达更多详细内容，所以封面或者视频结尾，留下信息，也是一个引流重要的方法，你可以在内容上面添加：

1."私信领取资料"

2."私信学习，更多线上精品课程"

3."私信了解更多详情"

通过这些方式，让观看的同时，可以提醒观众添加你。

第三步：橱窗卖货

想要把社群营销做好，那么必须有更多的精准客户，橱窗的引流产品，是最容易接触精准客户的方式，那么我们在抖音上面就要启动橱窗进行卖货，橱窗卖货一共有 4 个步骤

抖音橱窗开通的 4 个步骤：

步骤一：发布 10 个视频作品

步骤二：账号进行实名认证

步骤三：点击"创作者服务中心"中的商品分享功能

步骤四：成功发布两个带商品视频完成抖音任务

第四步：社群运营

通过橱窗卖货的引流产品，我们就可以大量筛选出特别精准的客户，添加到微信群，这个时候就进入到社群运营阶段。

以抖商大学为例

一，购买书籍后，可以获得线上三门基础学习课程。

二，微信群课程分享直接进行线上产品转化。

三，转化学员进行辅导，每周一账号运营答疑，每周三五进行运营分享。

四，所有学员账号运营建群进行互转互评，促成账号基础推荐量。

五，筛选优质学员转化成为抖商大学区域分校长。

第五步：代理开店

通过账号辅导和运营，让更多学员成为产品代理，抖商大学通过线上线下联动，各分校每月区域峰会，形成"天天有招商，月月有峰会"的模式，让多更多短视频创业者直接在短视频平台上开橱窗卖货。

代理收益分成2部分：

1，招收学员赚钱；2，通过辅导更多学员开橱窗卖货，也就是说通过服务赚钱；

短视频开通橱窗的 4 个步骤：

步骤一：发布 10 个视频作品；

步骤二：账号进行实名认证；

步骤三：点击"创作者服务中心"中的商品分享功能；

步骤四：成功发布两个带商品视频完成任务；

——《短视频速成10万+》

短视频定位篇

—帐号定位：迅速抢占制高点，成为行业第一

第一节

短视频账号与传统定位不同的"三大定位法则"

"

品类定位：让人想到这个类别，脑子里只有你

内容定位：内容有价值，才可能获得粉丝

风格定位：通过独特表达方式，建立消费者印象

"

——《短视频速成10万+》

"定位之所以非常重要，是因为你的粉丝需要一个明确的概念：

你是谁？你给粉丝带来什么样的价值？你如何实现这种价值？"

如何做好定位，我们先来看这么一个故事

二百年前，钻石极为稀有，每年宝石及钻石的产量只有几公斤，那时的钻石和祖母绿、红蓝宝石等宝石一样，只是上流社会炫耀财富的珠宝。

十九世纪，南非发现了巨大的钻石矿，产量将近一万公斤，钻石不再珍贵稀缺，此时，戴比尔斯公司挺身而出，咬牙买下整座钻石矿，掌控了钻石的供应。怎么更好的把钻石卖出去，成为了戴比尔斯最为头疼的问题。

这个时候，戴比尔斯创始人的儿子哈里联合艾耶广告公司，在全球范围内开展了一场"新定位"活动，从美国市场开始，强化公众意识中钻石和爱情的联系，将钻石打造成求爱必需品。电影中开始频繁出现当红明星佩戴钻石的形象；八卦杂志极力渲染名人送给爱人钻石的大小；在校园中演讲，向青少年灌输"钻石是唯一被全世界认可的定情信物"的思想。艾耶公司在台前造势，戴比尔斯在幕后掌控供给，短短三年，美国的钻石销量上升了55%。

更为经典的是，1950年，**"钻石恒久远，一颗永流传"**的广告语横空出世，钻石＝爱情，这也使得钻石＝爱情成为了定位的一个经典案例。

钻石并不是一种宝石，而是爱情的象征，这就是一种全新的定位；所以，任何一个抖音账号，在启动之初，就需要一个明确的定位。

短视频的定位，主要分为三大部分：

第一部分：品类定位——选择你想要做的品类

所谓品类，就是产品的类别，比如你是想做情感类，还是生活类，你是想做电子产品类，还是装修家居类。总之，你必须选取一类，不能什么都做。

品类可大可小，比如你是一个舞者，你不仅要定位为"跳舞"，更要具体定位到跳街舞还是拉丁舞。

定位之所以有价值，是因为当观众想到抖音上面看"跳舞"的时候，第一个想到的就是你，做到这一点，就是一个成功的品类定位。

举例如下：

> 什么是内容定位，就是要搞清楚，你准备给消费者传递什么价值，只有观众看完你的内容，觉得有价值，才会加你关注，你才可能获得粉丝。
>
> ——《短视频速成10万+》

第二部分：内容定位——选择你要做的账号的内容

品类定位确定后，内容定位就显得尤为重要了。随手一拍就上传，想拍什么拍什么，"只有内容，没有定位"，这就是很多短视频新手常犯的错误。

那么什么是内容定位？就是要搞清楚你准备给消费者传递什么价值，只有观众看完你的内容觉得有价值，才会加你关注，你才可能获得粉丝。

抖音短视频是用一分钟以内的动态画面，来表达你的内容，所以内容的边界讲述方式非常重要。

在抖音上，有一个账号叫"30 秒营销学——中国营销学第一自媒体"，这就是一个非常棒的内容定位——确定了内容的边界和时长，粉丝增长非常迅速。

这个定位好就好在让观众觉得，想了解营销学科可以 30 秒搞定，不会占用太多时间，明确给到

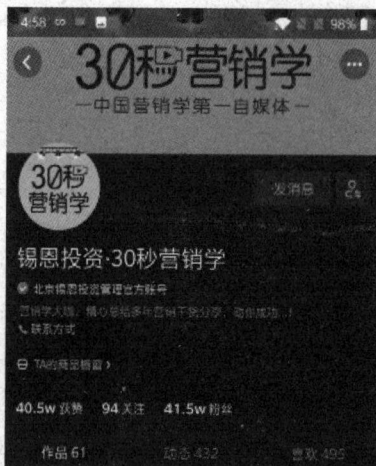

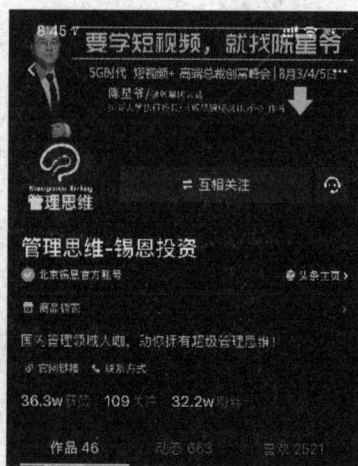

消费者清晰的"营销学"价值。

第三部分：风格定位——是真人出镜，还是图片，是多图还是单张

你喜欢红还是喜欢绿，喜欢中国风还是西洋风，你的喜好，就是风格。

那么，什么是风格的定位？是指你准备选择某种表达方式，并长期坚持而形成的消费者印象。比

单图模式

如哈雷摩托车手们出门就一定会带着墨镜，穿牛仔服，用很闪亮的饰品，这就是一种风格定位。

假如你选择的是讲述类、名人名言类、传递知识类，很多内容是历史故事，知名人物，企业家管理心得，那么这个时候选择图片的表达方式就要求更加完整和全面，在抖音平台里，可以更多地选择单图文方式（把图片录屏变成视频），也可以用多图文方式（抖音的照片影片模式），从而形成你独有的风格。

　　假如你在某些方面有专业能力，那么要尽可能选择"真人出镜"的表达方式。出镜也有很多种方式，比如，别人都是彩色的画面，你能不能是黑白的？别人都是露脸，你能不能戴一个卡通面具？选择自己喜欢的表达方式，并在画面的呈现上与众不同，坚持下来，这就将会形成你自己鲜明的风格定位！

真人出镜

第二节

短视频账号定位的"两大必备方法"

> 第一定位法：人们只会记得第一，不会记住第二
>
> 新旧对比定位法：参照过去，把新的植入客户大脑

——《短视频速成10万+》

一个抖音账号的定位，包括两个层面，一个是账号本身的定位，另一个是账号的市场定位。所谓市场定位，讲的是账号的市场价值如何，也就是我们常说的，这个账号是否值钱！

通常，抖音市场定位的有下面两种：

一、第一定位法

第一永远是最好的市场定位，你做账号只有一个目的，那就是争当所在品类的"第一"，为什么？

这是因为人们的大脑对"第一"都格外钟情，也只记得第一名，比如第一人、第一峰，凡是第一个占据人们大脑的，以后都很难再从人们的记忆里抹掉。

比如，如果你做的是养生号，你可以把账号定位为："中国养生保健领导者"。比如你是卖护肤品，做专业的化妆美容号，可以定位为"中国美妆领军者"。

比如陈星爷的定位，就是："短视频新营销第一人"。"穷游中国"的市场定位是"中国穷游推荐第一平台"。这些都是非常好的定位！

二、新旧对比定位法

全新的产品、内容产生后，将新的与老的加以对比，使预期客户参照当时已有的定位，使新产品和内容进入预期用户的大脑。

世界上第一架飞机当年就被称作"会飞"的机器，这个名称便于公众参照当时已有的机器为"飞机"这一概念定位；此外，像"无铅"汽油、"无内胎"轮胎、"无糖"饼干、"空中"客车、"水上"汽车都是这类定位。

比如我们运营的 23 万粉丝账号"创业绝技"，定位的就是"快速"创业！过去旧的创业是要苦熬，我定位的新创业，让你通过移动互联网"快速实现"！

另外一个 10 万粉丝账号"卖货营销"，定位的就是分享能够"卖货"的营销：过去营销讲究"品牌推广"，营销很难直接转化成销售额，今天能够卖货的营销才是新营销！

所以，账号定位是一个占据消费者心智中独特位置的过程，在抖音短视频这个新的视频表达时代，谁最快能够占领这个位置，谁就能够让粉丝最短时间关注你，从而关注你的内容和产品。

‖ 第三节

抖音帐号设置三大件：头像，背景图，个性签名

❝

头像和背景，不仅是别人对你第一印象的入口，而且是你品牌的标识与符号，让客户想到你，就想到那个符号，想到你所创造的独特价值！

❞

——《短视频速成10万+》

兵荒马乱的年份，有一个年轻人，只想到庙里面清闲的讨份生活，根本没想一心向佛，他来到老主持面前，貌似虔诚的希望得到他的批准，老主持只抬眼看了一眼，直接拒绝了年轻人的请求，年轻人就很纳闷，于是让老主持讲讲原因。

老主持说："我每天要见几十个像你这样的人，性格写在脸上，人品映在眼中，生活方式显现于身材，情绪起伏表露于声音，审美看衫，层次看履，态度看手势，家教看站姿，好不好打扮看头发，投不投缘吃一顿饭就能知道。从你进来那一刻起，我对你就有了一个基础判断，当你一讲话，我就知道你是不是一心一意想要向佛。"

这个故事告诉我们，"以貌取人，其实很科学"。那么，打造好账号的形象，就显得更为重要。

头像和背景，不仅是别人对你第一印象的入口，而且是你品牌的标识与符号，让客户想到你，就想到那个符号，想到你所创造的独特价值！

一、抖音头像应该如何定位

首先，抖音头像的定位应该根据你的风格，来确定你需要放置什么内容。比如你是真人出镜的类型，**那就建议用个人形象照，这样粉丝会对你有直观地认知，产生更强地信任感。**

如果你是图文类型的，那就建议你使用文字标题作为你的头像，这样别人看到你的头像，就知道你账号想要表达什么内容，比如著名的专业抖音账号"卖货营销"、"旅行攻略"这些都是文字头像。

其次，你的抖音头像相当于一个品牌的 logo，抖音头像在屏幕上的显示比例非常小，并且呈现形式为圆形，所以在头像制作的时候，一定要尽量避免局部或者远景人像，因为根本无法辨别。如果是文字信息头像，选取适合的部分进行放置，切勿超过 6 个字。

最后注意，抖音头像下方有一个很小的"＋"按钮，因此要避免图像下方有需要呈现的信息和文字，否则容易被遮挡！另外抖音严禁官方抄袭，如前面列举的真实案例中想要投机取巧用抖音官方 logo 做头像，这也是绝不允许的。

记住，头像不仅是别人对你第一印象的入口，而且是你品牌的标识与符号，你应当有一个独特的形象照，让客户想到你的时候就想到那个符号，想到你所创造的独特价值！

下面是头像背景设置的五大原则：

原则一：高清像素，不用景色，不用杂乱场景，不用动物。

原则二：避免硬性广告植入，避免国家机关制服，避免各类遮挡。

原则三：个人形象要简洁，建议使用商务证件照，尽量避免使用远景全身照。

原则四：如果用文字做头像，字体要清晰，最好不要超过 6 个字。

原则五：头像可以和名字关联，增加辨识度。

二、抖音背景图应该如何定位

抖音在 2018 年 10 月份增加了背景图功能，如果说头像是一部电影的主角，那么，背景图就是主角活动的环境。主角要演皇后，背景就必须是皇宫；主角如果演的是战争英雄，背景就必须是炮火硝烟的战场。

首先，图片颜色应该与你头像的颜色呼应，与你的主页是统一的风格。

其次背景图要美观，要有辨识度，要传达专业度。最好把你定位想要表达的信息、联系方式留在这个位置，比如著名的营销帐号 "30 秒营销学"，就是把 "中国营销学第一自媒体" 这个定位清晰的放在这个位置。

见下图：

下面是"背景选择"的两个原则：

第一："价值放大效应"，要超越产品因素，创造一种看得见的感受，证明你在客户心目中能产生"价值放大效应"。

第二："第一光环效应"，创造一个独特的类别，将你的价值与品牌个性形象、消费者的需求信念联系起来，在这个独特类别中，你是当之无愧的"第一名"，从而实现品牌的"第一光环效应"。

人们对第一永远有一种偏爱，那就是第一的就是好的，比如汽车中的沃尔沃是"第一安全的车"，说明这个车在安全方面是第一名，那你会觉得它的质量不好吗？这就是光环效应，民间叫"一白遮百丑"。

一个企业的官方账号，内容非常棒，每条都是几十万上百万的观看量；其中一条内容还创造了一个 3400 万的观看记录，但是这个账号的涨粉速度却远远不如其他账号。

对这个账号重新做了命名后，粉丝一下子翻了好几倍，为什么呢？原来这个账号是做护肤品的，一方面是企业官方蓝 V 认证账号，另外又用他们的品牌名称做名字，虽然内容很好，但是谁会去关注一个官方品牌号呢？

于是，我们把这个账号的头像图片修改为"民族护肤"，把名字修改为一个拟人化的名字之后，粉丝们关注热情大大提高！

今天在互联网上，名字不仅是一个代号，更是一个品牌符号，一个有辨识度，能产生深刻印象的名字，可以让观众和读者很容易记住你；一个有独特个性并可以代表你传递信息的名字，更是能够帮助你在互联网获得一个全新的身份。

名字的定位，关键点在立意要大，格局要高，所以在起名方面，不用拘泥于你的本名，反而一些与品类相关的名字更能让别人关注和喜欢你。

（比如著名的情感账号"中国式情感"就是从高格局，高视野的角度去定义名字）。

如果是专业类别的账号，最好站在整个行业角度去做名字的定位，比如做摄影的，你叫"某某摄影"，还是应该叫"中国摄影基地"；比如做甜点的，你叫"某某甜品"，还是应该叫"全球甜蜜定制中心"。

如果是个人账号名称，最好在自己名字前后，加上你要表达的内容,这样让粉丝更迅速的认知你;比如"某某讲车"，"某某说互联网"，"北京美食找某某"。

抖音名与个性签名应该注意什么

抖音的名称不要带标点符号、敏感词，文字尽可能控制在 9 个字以内。

在填写昵称的时候，越清晰越好。大部分短视频其实还是机器＋内部人工审核双重机制的，一旦是机器审核，第一步就是大范围筛选劣质数据，资料不全的账户很有可能会被算计进去，会进行大量的劣质删除。所以，尽量避免一些生僻引起歧义的名字。

抖音的个性签名要在 40 个字以内，填写个性签名更容易获得别人的关注。你需要告诉别人你的社会身份，公司情况，专业优势，然后告诉别人，你这个账号可以带来什么价值，当然，最好还要留下你的联系方式。

需要注意的是不要频繁修改签名，可能引发系统审查，造成误判，最好一次到位。

第四节

短视频平台 4 项禁忌及 5 大类禁词

"

禁忌一：不涉及政治，对革命人物、历史人物正向解读。

禁忌二：严禁传播黄赌毒，不造谣不传谣。

禁忌三：严禁传播暴力低俗、负能量、丧葬文化内容。

禁忌四：在标题、评论中，注意用词，脏话、攻击性的话，都会被平台删除。

"

——《短视频速成 10 万 +》

抖音中最大的账号，号称"抖音一姐"的@莉哥OvO，以嬉皮笑脸的方式表现国歌内容，直播间已经被封禁，直播账号被冻结，莉哥4400万粉丝的抖音账号作品也被清空，遭到虎牙和抖音双封杀。

上海市公安局静安分局依法对这个账号的运营者杨凯莉处以行政拘留5日。

这件事告诉我们，经营抖音粉丝账号，就如同经营电视台，首先要遵守法律，更要遵循抖音平台的规则，要懂得抖音一系列禁忌，搞清楚不能做什么，有哪些底线不能碰。

那么，抖音有哪些规则和禁忌呢？

禁忌一：不涉及政治，对革命人物、历史人物正向解读。

抖音内容运营中，不要去涉及政治与道德等敏感话题，特别是一些国家政策解读，政治动向等，更不能去对历史人物，特别是革命先烈进行歪曲。

禁忌二：严禁传播黄赌毒，不造谣不传谣。

对于黄赌毒，平台严格封禁；对于社会产生的谣言，未经证实的敏感事件、数据等素材，必须经过官方确认后，才可以进行发布。

禁忌三：严禁传播暴力低俗、负能量、丧葬文化内容。

要符合抖音"记录美好生活"的宗旨，避免触及暴力低俗内容，弘扬社会正能量，文明正面引导和传播优秀文化；传递积极向上的内容。

禁忌四：在标题、评论中，注意用词，脏话、攻击性的话，都会被平台删除。

短视频平台5大类禁忌词

在启动短视频作品之前，千万注意，不要踩到抖音的"雷区"。

➤ 哪些视频是抖音的"雷区"：

吸烟、喝酒或是视频中出现与烟酒有关的物品不被推荐。

视频中出现竖中指、骂人等不文明行为不被推荐。

穿着过于暴露的服装，任何低俗、诱惑性行为不被推荐。

作品中涉及刀具、枪械等器具不被推荐。

违反国家法律的一切行为不被推荐。

盗用他人作品、冒名顶替他人不被推荐。

明显的营销、广告类信息、视频不被推荐。

抖音的敏感词有哪些?

第一类：政治

安全、暴力、拆迁、做官、改革、革命、专制，独裁；

第二类：暴力

麻烦、死亡、生存、威胁、扛把子、流血、危险；

第三类：色情

奶，怀孕，胸，奢侈糜烂，强奸；

第四类：迷信

占卜，算卦，发大财，起死回生；

第五类：其他

抽奖、免单送、360、抖友，微商，抖商。

第五节

一个月涨粉 40 万：如何创造百万流量的抖音内容

"

40 万粉丝账号三大运营方法

一、标题醒目，内容专业

二、粉丝互动，重在参与

三、选好音乐，带动节奏

"

——《短视频速成 10 万+》

微信是互联网时代的报纸，那抖音就是互联网时代的电视，新媒体已经进入到了视觉时代！

电视一出现，看报纸的人就转移了，这就是一个刚毕业大学生为什么能够把短视频账号一个月运营到 40 万粉丝的原因。

我们运营的"销售高手"这个抖音账号，短短一个月时间，从 0 粉丝快速增长到 40 万粉丝，运营者居然是一个刚毕业没多久的大学生，很多人很好奇，这是如何做到的？下面就是账号操盘手的总结：

我叫小张，40 万抖音账号"销售高手"的负责人，在运营这个账号之前，其实我很少接触短视频。

公司团队开始研究抖音时，姜博士告诉我，抖音相当于几年前的微信，错过抖音短视频时代，就是错过 5 年前的微信。那个时候我才开始关注抖音，研究抖音，因为对销售和市场感兴趣，于是我申请运营了一个叫"销售高手"的抖音账号。

刚开始做的时候，心里有一个预期，3 个月争取做到 500 个粉丝！账号开始运营后，每天在网上、书里、公众号里找素材，认真地去修改发布。

让我万万没有想到的是，刚开始运营的第一个星期，抖音粉丝一下涨到了 4000，整整是我预期的 8 倍！当我看到那个真实的数字后，我才意识到，抖音才是今天流量的风口！

　　我开始全力以赴做账号，第二周，粉丝总数超过了 3 万人，第三周更是厉害，其中有一条发布的内容被抖音推上热门，那一天增长将近 10 万人，那一晚真的是兴奋得基本没怎么睡觉！

　　就这样梦一样得快速增长，差不多三十多天的时间，粉丝已经突破 40 万大关。很多广告代理平台找到我，想在我的账号上做广告，发布一条视频的广告费超过了一万元！

　　以下是"销售高手"这个账号的部分截图：

在正式运营了一个月后，我们专门安排公司高级管理顾问，对"销售高手"整个账号做了深度剖析，抽丝剥茧，我们总结出了以下几个核心点：

1、标题醒目，内容专业

这类标题的关键词，要让观众产生比较强烈的求知欲。

比如首页增加"必读""强烈建议背诵""建议收藏"等引导性字段，就会大大地增加观众想要知道完整内容的动力，"我不看会不会错过什么""看完了是不是可能会有不小的收获"，这些对内容的渴求，就会使得观众愿意持续看到结束。

同时，观众想看的，才是你要传递的，内容的选取必须多从用户考虑。

比如"销售高手"在做内容的时候，从"销售名人"角度，举出董明珠案例，引起观众的认同；从"销售话术"角度，讲出销售人员如何回答客户问题，让观众感觉到有价值；从"女性销售"角度，讲出男女销售人员的区别，让抖音占多数的女性观众感受到被重视。这些从目标用户角度选取的内容，都是能够快速涨粉的核心因素。另外，用户刷抖音的时间越来越碎片化，所以内容不要太长，简洁精选，吸引用户看完或收藏，这也是一个非常重要的"涨粉指标"！

分析图表 ①：

标 题	播放量	点赞数	转发数	评论数	评论 + 转发占比
我是被逼成家电世界第一的（格力董事长董明珠）	51.8万	1.3万	428	222	0.12%
销售的黄金六问	129.9万	3.7万	6004	370	0.49%
一个做销售的要具备以下条件	131.6万	3.8万	8229	1388	0.73%
销售人员，你为什么不出业绩	62.7万	1.7万	3752	229	0.63%
销售做久了，这些都会成为习惯	55.8万	1.5万	1993	106	0.38%
当客户说：我在考虑考虑，销售怎么答？	593.9万	6.5万	1.4万	523	0.24%
营销圈的"二八法则"，干好销售必知！（建议收藏）	605.1万	9.8万	2.8万	350	0.47%
做销售怎么说到客户心里去	203.7万	2.5万	1922	359	0.11%
几张图告诉你，女孩子做销售前后的差别	329.5万	5.6万	2562	1177	0.11%
在三四线城市，怎样做到收入过万？	275.3万	3.6万	1741	1124	0.10%

从点赞超过5万的3条视频分析不难看出，抖音销售群体最关注"能得到什么好处"类的话题。

我们挑选了2条具有代表性的内容，做出以下图②、图③、图④的分析，可以看出，账号涨粉，能够给别人"好处"是非常重要的：

分析图表 ②:

> ### 几张图告诉你，女孩子做销售前后的差别
> 播放量: 329.5 万，点赞: 5.6 万
>
> ### 内容:
> 做销售前的化妆台，做销售后的化妆台
> 做销售前的餐饮，做销售后的餐饮
> 做销售前的衣柜，做销售后的衣柜
> 女孩子，靠自己，你就是女王
>
> ### 人群
> 1、抖音上的女性非常关心自己成长和赚钱的话题
> 2、想寻找一些具体的感情场景，对应自己，找到自己过去、现在和未来的真实拼搏经历，对号入座。
>
> 关键词: 努力拼搏的场景
> 注: 这条是该号称为大号的第一条火爆视频，该条视频火后，每天平均涨粉 1~3 万。

分析图表 ③:

> ### 营销圈的"二八法则"，干好销售必知! （建议收藏）
> 播放量: 605.1 万，点赞: 9.8 万
>
> ### 内容:
> 80% 靠听，20% 靠说，客户不喜欢被说服，销售人员要多提问，多倾听
> 80% 卖自己，20% 卖产品，一流的销售见人就先聊天，三流的销售开口就卖产品
> 80% 的推销会失败，20% 才成功，失败是暂时的，请记住"我没有失败，只是暂时不成功二八法则，背下来，一定用的到! "
>
> ### 人群
> 1、从评论来看，很多干的不好的销售需要有成熟的理论来指导，在寻求帮助。
> 2、从标题来看，销售的理论知识还是抖音上销售人员较为关心的话题。
>
> 关键词: 二八法则，销售，成功，失败，价值

分析图表 ④：

当客户说：我再考虑考虑，销售怎么答？ 播放量：593.9万，点赞：6.5万
内容： 你说："好的"，那就没戏了，这个客户基本不会再见到 顶级销售怎么做？会再坚持10分钟，"你还考虑哪方面？我帮您解决" 记住，客户说考虑的时候，是放下伪装的时候，问出客户的需求，你就 成功了，顶级销售都是这么练出来的
人群 1、从评论来看，几乎所有销售都遇到过同样问题，这个视频给 出了可行性极强的解决方法并能寻找到"志同道合"的同伴。 2、从标题来看，激起了人的经历，第一感觉是想到了自己销售 经历中的困难与辛酸。
关键词：销售，客户，辛酸，成功，解决方法

"

制作争议性话题的好处：

粉丝可以参与讨论，并且无需账号运营者组织，由粉丝自动自发互相讨论；

而这正是抖音热门最重要的打分标准，参与的人越多，话题越热烈，分数自然越高，那么被推为热门的可能性越大！

"

——《短视频速成10万+》

2、粉丝互动，重在参与

"销售高手"发布的视频内容当中，真正起到增粉作用的，大致也就是 15 个左右，从这些热门内容的数据分析可以看到一个非常独特的现象，那就是但凡火起来的视频，其中大部分都具有了争议性话题。

争议性话题的好处是，粉丝可以参与讨论，并且无需账号运营者组织，由粉丝自动自发互相讨论；而这正是抖音热门最重要的打分标准，参与的人越多，话题越热烈，分数自然越高，那么被推为热门的可能性越大！

下图为"销售高手"15 个作品的分析，可以得出一个重要结论：内容给足"好处"，标题足够"有争议"，那么这条视频的互动量一定越高。

分析图表 5：

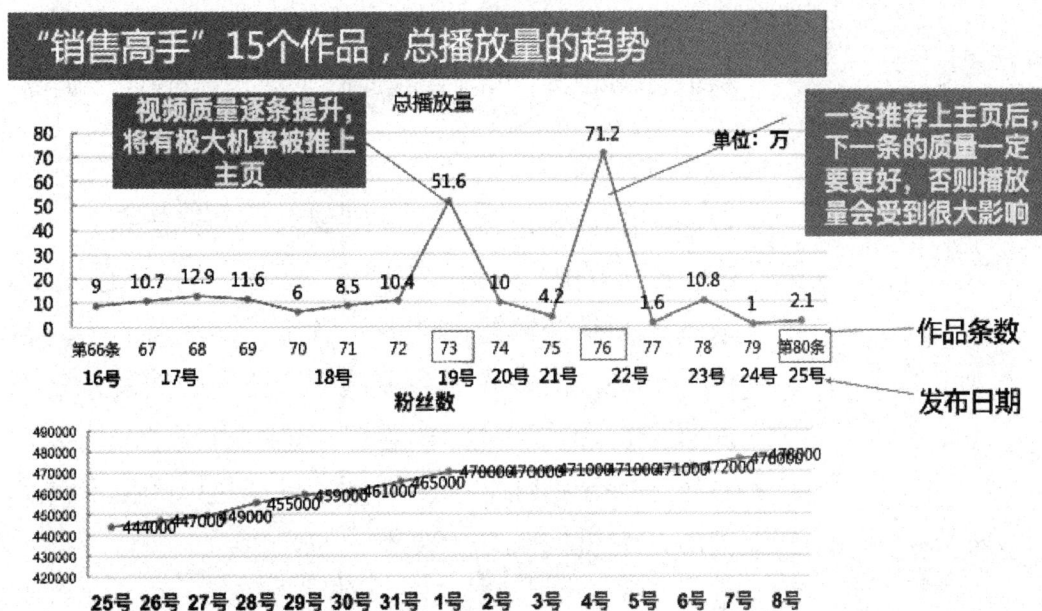

"销售高手" 15个作品，总播放量的趋势

读书笔记

"销售高手" 15个作品，总转发数量的趋势

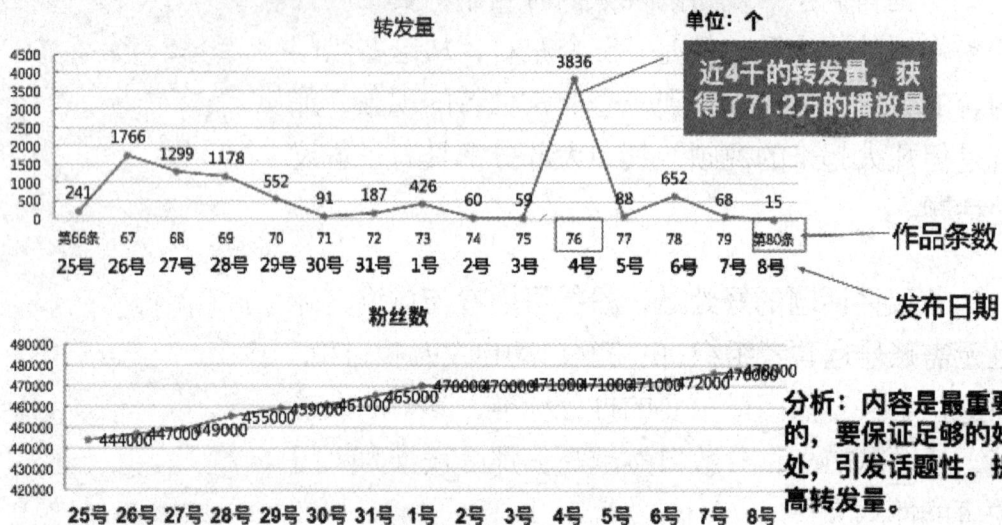

转发量

单位：个

近4千的转发量，获得了71.2万的播放量

第66条 67 68 69 70 71 72 73 74 75 76 77 78 79 第80条 —— 作品条数

25号 26号 27号 28号 29号 30号 31号 1号 2号 3号 4号 5号 6号 7号 8号 —— 发布日期

粉丝数

25号 26号 27号 28号 29号 30号 31号 1号 2号 3号 4号 5号 6号 7号 8号

分析：内容是最重要的，要保证足够的好处，引发话题性。提高转发量。

3、选好音乐，带动节奏

抖音之所以叫抖音，就是因为这是一个以"音乐"为主体的娱乐互动平台。所以，配好音乐，这是上热门很重要的关键要素，魔性音乐可以让观众全面沉浸在场景中，直到内容播放完，这不仅给观众很好的感受，同时有效提高了视频作品的完播率。

这就需要运营者每一条发布的视频内容要选择好搭配的音乐，使二者高度契合。"销售高手"当中大部分的内容都是与市场、拓客、创业相关，选取的大多是慷慨激昂的背景音乐，即使有时候内容欠缺一些，很多人也会被这样振奋人心的音乐所深深吸引，音乐听完，内容自然也就看完了。所以，音乐是抖音中任何一个视频场景都足以产生澎湃动力的发动机！

短视频养号篇

——如何快速渡过新号培育期，进入涨粉快车道

第一节

短视频运营新手常踏入的"三个大坑"

> 第一个大坑：以自我为中心，想拍什么就拍什么
>
> 第二个大坑：抄袭搬运，直接用别人视频做自己的内容
>
> 第三个大坑：喜欢发长视频，以为内容越多越好

——《短视频速成10万+》

很多新手注册完成后，看见别人的内容就照搬到自己账号，随手拍摄视频就直接上传，想拍什么就拍什么，最后发现账号观看量越来越低，这就是新手经常犯的错误。其实在互联网上，小众就是大众，只要你能够坚持专注某个方面，一定能够吸引对这方面感兴趣的粉丝。

春秋时期鲁国有位叫秋的人，特别喜欢下围棋，潜心研究，终于成为当时的第一高手，人们不知道他姓什么，因为他是因下围棋而出名的，所以人们都叫他弈秋。

弈秋棋术高明，很多年轻人想拜他为师。弈秋收下了两个学生，一个学生诚心学艺，听先生讲课从不敢怠慢，十分专心。

另一个学生大概只图弈秋的名气，虽拜在门下，并不下功夫。弈秋讲棋时，他心不在焉，探头探脑地朝窗外看，想着鸿鹄什么时候才能飞来，飞来了好张弓搭箭射两下试试。两个学生同在学棋，同拜一个师，一段时间后，前者学有所成，后者未能领悟棋艺。

抖音短视频是一个全新的免费视频传播平台，作为新手如果学习抖音规则，做好定位，就要专注自己的方向，紧盯目标，切忌三心二意。

面对抖音短视频，新人经常踏入这三个大坑

第一个大坑：以自我为中心，想拍什么就拍什么

抖音新人最常见的错误是拿起手机随手就拍，今天拍拍自己，明天拍拍花草，后天拍拍风景；看到这个音乐火了，就跟着音乐跳舞；看到那个特效火了，就用那个特效自拍；这些都是只从自己角度出发，未从粉丝角度去考虑。

所以，做抖音账号第一要有客户思维；只有你定位的内容，让粉丝有所收获，愿意长期关注你，你的账号才会有价值。

如果一个账号没有重点，三心二意，给人的第一感受是，你的内容跟我没有关系，对我没有价值，自然就不会关注你。

（案例详见图1）

第二个大坑：抄袭搬运，直接用别人视频做自己的内容

有的人在抖音上看到别人的视频拍得不错，直接下载到手机，再上传到自己的账号。很多人以为会获得较好的流量，结果涨粉越来越慢，长时间用这类方法，账号会被严重降权。

抖音对视频有一个"查重"机制，如果视频高度重合，抖音会视为你抄袭别人视频，你就会被降权；与此同时，你的视频如果有其他账号的水印，同样抖音也会对你降权，降低对你账号的推荐，所以切忌直接使用别人视频进行上传。你可以对内容进行再加工，哪怕把背景图片换了，也会被视为新内容。

（案例详见图2）

第三个大坑：喜欢发长视频，以为内容越多越好

抖音是一个主动观看的"移动电视台"，观众可以选择划走不爱看的内容，然后收看下一个。对于内容简单，没有实质性价值的视频，用户很容易就划走，根本不会看完，怎么会关注你，给你点赞？

吸引关注还是要靠视频的标题和内容优化来提高，做到直接进入"高潮"，除非你有特别好的内容，否则不宜做长视频。有效提高视频完播率，这样才能获得系统的推荐！

（案例详见图 3）

图1：以自我为中心　　　图2：抄袭搬运　　　图3：长视频

第二节

快速让新号裂变的："1234 原则"

"

1. "抓大鱼"原则

2. "两有两必"原则：有评必回，有关必粉

3. "三借"原则：借势、借力、借号

4. "四步加持粉丝"原则

"

——《短视频速成 10 万 +》

新号就像孩子，一定要有耐心慢养，积累到一定的量，就会迎来爆发的一天，但是，慢养不等于不主动出击，更不是消极等待！

在古代，有一个卖橘子的人想赶在城门关上之前进入到另一座城。小贩问一位路人，他要什么时候才能抵达城门。路人回答说："如果你慢慢走，关门之前能到达。如果你走得很快，就赶不上不了。"

小贩感到很奇怪，没有领会路人的话，开始快速赶路，却又走得太急，打翻了橘子，不得不停下来捡拾满地的橘子，最终也没能在关城门前到达。

中国有一句老话，叫"欲速则不达"，我们所讲的"养号"，其实是让运营人员了解抖音运营规则，让运营者去观察抖音视频的动态情况，关注行业最新资讯。

绝大多数的操盘手刚刚进入抖音，摸不着头脑，于是就乱发视频，希望中"热门大奖"，结果被抖音系统降权，账号就废了。

但是，慢养不等于不主动出击，也不是消极等待，要遵循"1234"的养新号原则：

1. "抓大鱼"原则

所谓抓大鱼，就是从推荐视频中，收集好内容。当你关注了自己所在品类的"大V"，系统就会推

读书笔记

荐他们最好的内容给你,这些内容就如同河里的鱼,你要常去河边,抓住点赞量高的鱼。

"抓鱼"的目的,是用来做与这些高点赞内容类似的视频,获得推荐的可能性才会大增。你要明白,抖音是一套智能的大数据系统,视频成为热门是有其道理的,你不需要搞清这些道理,你只需要模仿去做就好了,时间长了,你自然会知道,一个视频为什么会成热门。

这就是新号的"抓鱼"原则,做新号最简单的方法,就是模仿,模仿对方的做法,再做一个类似的,这是新号最容易成功的方法。

我们看下面 3 条内容,内容都差不多,但是版式一改变、音乐一改变,仍然都能获得"高点赞"!

2."两有两必"原则——有评必回，有关必粉

新号基本没有什么评论，也很少有人粉你，如果有人评论你，你一定要主动回复评论，争取对方再次回复你，一来一往，增加账号的活跃度。

同样的道理，有人如果成为你的粉丝，你一定要同时去关注对方，要知道，有很多人与你一样，都是开了抖音号，却没有什么粉丝，所以，你如果把"有评必回，有关必粉"写到你的备注中，相信会有一些与你同样状况的新号来评论与关注你。

一旦你通过这样的方式拥有几十甚至几百粉丝，并且与其中的一些人形成约定，发内容相互支持，相互评论，一下就把账号炒热了。

直接到一些粉丝与自己相当，内容定位也接近的帐号中私信，告诉对方，你已经评论了对方的帖子，希望对方也评论你，你已经关注了对方，希望对方也关注你。

——《短视频速成10万+》

3. "三借"原则——借势、借力、借号

第一点借势： 要关注一些大 V，一旦当这些大 V 发新内容的时候去抢沙发，并且回复一些有价值的内容，就会让自己的回复成为这些大 V 内容的热门回复，很多人会点赞你的回复，其中就会有人去看你的账号内容，从而达到引流的效果。（见下列图示）

第二点借力： 经常到一些热门内容下去收集热门评论，经常从网上收集一些鸡汤与警句。用来作为借势中的评论，从而成为热门帖子下面的热门评论。

要知道，一些热门帖子中的评论点赞，有时高达几万，这其中哪怕有 1% 的人去看你的账号，都是不小的收获，因为这些主动去的人，是被你精彩的评论吸引过去的，他们对你已经有好感了，只要你的内容好，他们就会很容易成为你的粉丝。

第三点借号： 直接到一些粉丝与自己相当、内

容定位也接近的账号中私信，告诉对方，你已经评论了对方的帖子，希望对方也评论你，你已经关注了对方，希望对方也关注你。

这样做的好处，相当于你寻找了很多"小号"，你发内容的时候，别人会评论与转发。当然，你自己也成为别人的小号，别人发内容的时候，你也会去评论与转发对方的内容，形成互利格局。

4. "四步加持粉丝"原则

第一步：实名认证，增加系统推荐的机会。填写真实姓名和身份证，对自己抖音账号进行实名制认证，从而提高账号完整度。

第二步：关联头条，火山视频等软件，加入粉丝＋计划。

关联头条后，当我们发布内容的时候，头条账户也会同步发布，同时头条系的其他短视频平台也会同步更新。

第三步：添加抖音给你推荐的好友。

这些好友一般情况下，都是你通讯录账号里面的，前期尽量与更多的通讯录好友互加。你不成为别人好友，别人怎么会成为你的好友？

第四步：转发你的抖音内容到微信中，微信好友也成为你的抖音好友。

每个人的微信号都有很多好友，你可以把抖音的视频下载之后发到朋友圈中。

很多人会说，微信只能发 15 秒内容，在抖音中的内容，大部分都超过 15 秒，如果只截取 15 秒，很多精彩的内容就没了，怎么办？

这里有一个小技巧，可以帮助你在朋友圈中发超过 15 秒的视频。

具体的操作原则如下：

第一步：收藏发到微信对话当中的长视频；

第二步：微信收藏当中找到自己已经收藏的视频，然后打开；

第三步：转存为笔记；

读书笔记

第四步：把笔记分享到朋友圈，朋友圈打开，就是超过 15 秒的长视频。（具体见以下图示）

第一步

第二步

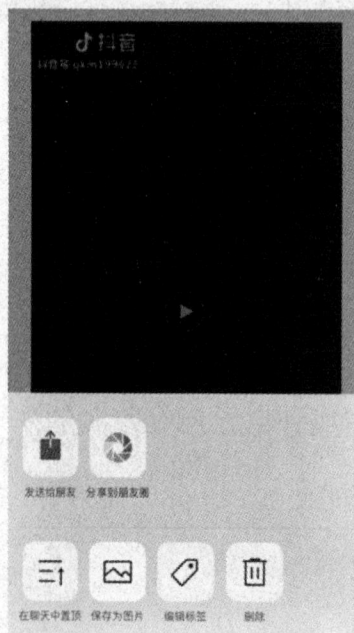

第三步

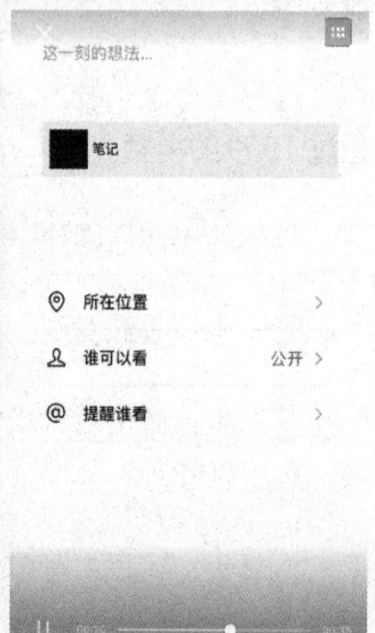

第四步

第三节

培养优质账号，必须播下的"四颗种子"

"

第一颗种子：感动；播种感动，获得点赞

第二颗种子：收获；播种收获，获得转发

第三颗种子：认同；播种认同，获得评论

第四颗种子：价值；播种价值，获得关注

"

——《短视频速成10万+》

有三个人要被关进监狱三年，监狱长答应满足他们三个每人一个要求。

美国人爱抽雪茄，要了三箱雪茄。

法国人最浪漫，要一个美丽的女子相伴。

而犹太人说，他要一部与外界沟通的电话。

三年过后，第一个冲出来的是美国人，原来三箱雪茄抽完，雪茄瘾更大了。

接着出来的是法国人。只见他手里抱着一个小孩子，美丽女子手里牵着一个小孩子，肚子里还怀着第三个。

最后出来的是犹太人，他紧紧握住监狱长的手说："这三年来我每天与外界联系，我的生意不但没有停顿，反而增长了200%，为了表示感谢，我送你一辆劳斯莱斯！"

"种瓜得瓜，种豆得豆"，你播种什么，你就会收获什么。在抖音上也是如此，你想要获得别人对你的支持，那么你就要去播种。我们可以通过播种以下这四颗种子，来让你的账号获得更多观看量：

第一颗种子：感动；播种感动，获得点赞

我们经常会看到这样的视频，一个人看到狗掉进了水沟，没有办法自己爬上来，小狗已经冻得瑟瑟发抖，有人亲自下到水沟里面把狗抱上来，这样的视频在抖音当中点赞量非常高；为什么？**那就是**

因为能够给到别人感动，人们会因为爱心感动，因为见义勇为的行为感动；如何来表达这种感动呢？伸手点个赞吧！

第二颗种子：收获；播种收获，获得转发

我们经常在抖音上面看到一些家居小知识，比如衣服应该怎么叠？衣架应该怎么挂衬衣？像这类型的视频内容，就特别容易获得别人的转发，为什么呢？因为对很多人会有收获，我收获了一项技能，这个收获别人也能用得上，所以，**对于这种"有用"而且又免费的技巧窍门，很多人是愿意分享给身边的人，别人也会很感谢你，为什么不转发一下呢？**

第三颗种子：认同；播种认同，获得评论

在抖音里面，有两类视频最容易引起大家的评论，比如我们人民解放军凯旋而归，天安门上的升旗仪式等内容，为什么呢？因为这是一种社会认同，**整个社会都认同这样的内容，那么我也愿意表达我的一份支持的态度，所以我愿意去给我认同的内容评论，表达我跟大家是一类人。**

另外一种会引起别人评论的是什么呢？是这个内容我不认同！

所以很多时候，有意识的去做一些别人不认同的内容，同样也会获得很多的评论，**比如我们姜博士做的一条内容，让员工给他倒水，倒了几次都不满意，最后90后说，我不伺候你了；很多人就不认同这样老板的行为，所以就在下面评论支持90后。这其实也是一种不认同，一旦他不认同，他同**

样会用评论从另一个角度表达，他跟你不是一类人。

第四颗种子：价值；播种价值，获得关注；

我们为什么在抖音里面要关注一个人，那是应该我们想要长期从他这里获得价值，如果一个非常普通的生活号，每天就是记录一些他自己的生活，那么你会关注吗？我相信很多人第一反应就是，与我有什么关系，我为什么要关注他？关注一个人，是因为可以给我持续的提供价值，价值就是能够给你直接带来物质或者精神方面提升的内容，所以这个时候，**账号的定位和输出优质内容就非常关键了，我们能在同一个领域里面去持续输出价值，这样别人自然就会关注你！**

大家都知道，抖音的推荐机制是"去中心化的"，每个人只要视频做得不错，抖音就会更好的推荐你，如果你可以播下这四颗种子，自然能够让别人多点赞，多评论，多转发，多关注，那么涨粉就是一件水到渠成的事情；

对于这四个部分，在短视频平台上，还有四个重要的操作按钮：

我们首先要重点关注抖音的"消息"区域，在这个部分，是与粉丝交流，增加活跃度的核心区域。

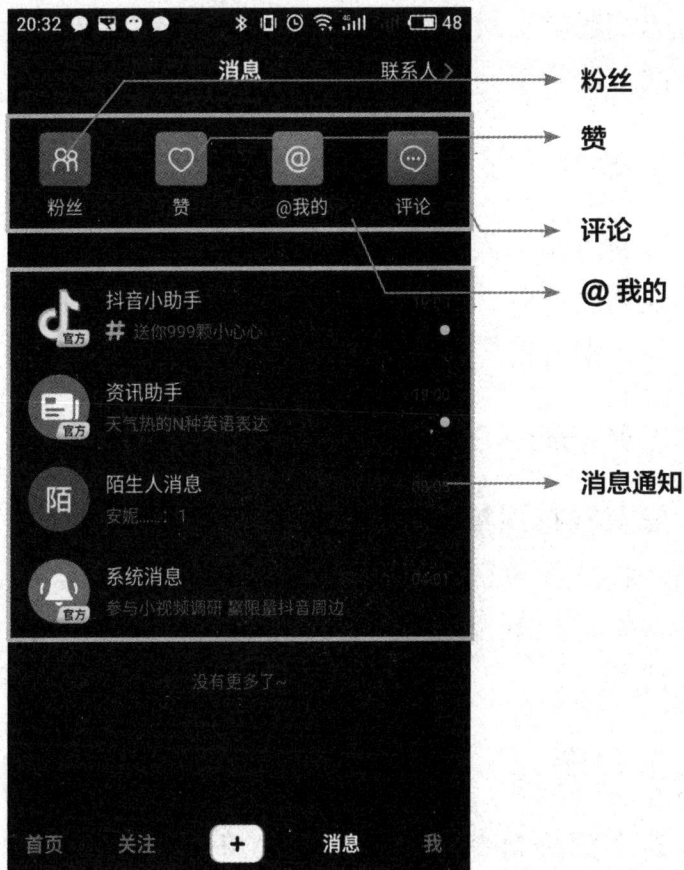

粉丝

赞

评论

@ 我的

消息通知

在消息通知页面，新增粉丝、点赞、评论和 @ 我的互动消息提醒都在这里查看，点击可查看详情。动态消息通知，可查看粉丝增长情况，增强与好友的互动性和账号的活跃性。

1. 粉丝

可以查看所有关注自己的粉丝，可以点击【关注】或取消关注。方便大家及时了解都有哪些人成为了你的粉丝。

对于养号阶段的新人来讲，多关注好友账号，这是一个非常好的方法，因为这样，粉丝的信任度就会非常高，会对你的账号格外关注，容易培养起一批忠实粉丝，**对于好友的私信内容，有需求帮助的方面，请给予回复和力所能及的帮助。**

2. 点赞

查看有多少人点赞过自己作品，更好地完善自己的视频。可以关注自己的粉丝并点赞、评论粉丝的作品，相互支持对方内容。

3.＠我的

好友发布视频时＠你，在此处可以查看作品详情。若还没有被＠，可以发布视频＠好友，增加互动性，被好友＠时保持及时互动，点赞、评论或转发。

4. 评论

这个部分是整个 4 个功能的重中之重，查看有价值的重点评论，特别是一些可以引起粉丝之间互相交流的热门评论，要多参与回复，这样的互动有助于吸引更多粉丝，你的精彩的回评也会受到抖音用户的再次点赞。回复的时候可以多增加疑问句式评论可以增强与好友互动交流，吸引更多潜在用户关注。

如何更好的提高评论量呢？

每次发完视频后，根据内容找到一些与常识相悖的观点和进行描述和引导，抛出一个有争议的话题点，诱导持有不同观点的用户进行评论，引导用户好奇，提高评论的转化率。

第四节
获得更精准粉丝的 "4 个方法"

"

方法一：保持原创，持续优质内容输出

方法二：封面结尾，引导用户关注

方法三：了解音乐，对热门音乐收藏

方法四：实名认证、官方认证，吸引用户关注

"

——《短视频速成10万+》

没粉丝，帐号一定没有价值，但有粉丝，并不一定有价值，高质量的帐号，养育的是重度垂直的高质量粉丝，也就是我们常说的精准粉丝。

那如何才能做到精准粉丝呢？下面是做出高精准粉丝的几个原则。

一、尽量保持原创，坚持优质内容持续输出

想要培养一个高质量的账号，从养号期就要重度垂直，也就是说发的内容，尽量保持在内容上的一致性，要有一定数量的原创内容，这样粉丝才会认为你是一个专业度高的账号。

二、封面结尾，引导用户关注

任何一个视频，最好设计一个封面图片在视频的前端，因为当很多人来关注你的账号的时候，第一眼从封面上就能挑选出他想看的内容。

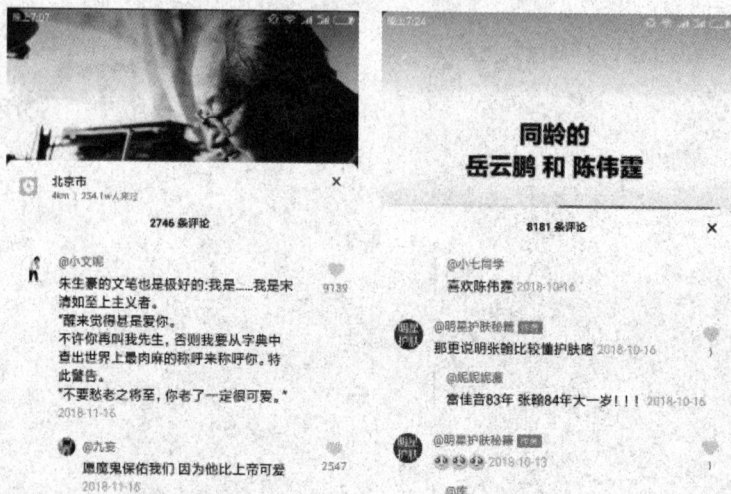

如何更好的提高评论量呢?

在视频结束的时候,也可以做一个提醒"关注"的内容,通过语言,文字,图片等方式,引导观众对你进行点赞或关注。

案例1:语言方式,留下悬念,引导关注

"想知道如何完成,做出这样的内容,请关注星爷,看下一条视频。"

"觉得我录制视频很不容易,请关注主播。"

案例2:文字方式,直接说明,引导关注

"如果觉得这句话对你有帮助,请单击关注,将会给大家更多干货。"

案例3:图片方式,箭头指引,引导关注

"请点击这个按钮,关注主播,了解更多内容。"

三、不断了解抖音音乐，对热门音乐进行收藏

抖音当中，音乐是能够配合众多视频场景使用的重要元素，不同的情境下，不同的音乐会给我们带来不同的感受，所以根据自己不同的账号定位，准备一系列可能用得到的音乐，特别是根据你的视频长度，收藏不同时长的音乐。

四、实名认证、官方身份认证（企业号、个人号）有助于吸引更多用户关注，认证成功的账号有 V 标显示；

A. 个人认证：

适合公众人物、领域专家和网络名人

条件：发布 ≥ 1 个视频、粉丝量 ≥ 1W 名、绑定手机号，完成这三项即可申请认证。

B. 企业认证：

提交资质（上传企业营业执照高清图、认证公函）→支付审核费用→通过审核；

用户达到平台要求后进行认证，增加可信度，有助于吸引更多关注。

个人认证 ——

第五节
制作热门内容的"三力原则"

> 识别力——识别热门，才能上热门
>
> 文案力——运用调动情绪的网络语言
>
> 创造力——模仿和改造经典内容

——《短视频速成10万+》

在战争中，有一个原则，就是集中优势兵力，各个歼灭敌人。每场战斗要集中绝对的优势兵力，两倍、三倍、四倍、有时甚至是五倍或六倍于敌人的兵力，从四面包围敌人，力求全部歼灭敌人，坚决打歼灭战，不使一个敌人漏网。

同样，对于新账号，当你把所有设置都全部做完以后，重点仍然必须回归到一个点上面来，这个点可以帮助你迅速突破的核心战场，那就是——"热门内容"！

记住，想要抖音爆火，用最大的精力，投入到内容上面，这是新号快速崛起的核心，怎么做到呢？下面你是需要培养的三个能力：

一、识别力——识别热门，才能上热门

抖音上有多种类型的视频，建议每种类型选取至少 10 个，粉丝超过 50 万的账号作为学习对象， 然后选取这里面点赞评论最高的 3 个作品，不断分析其中的核心火爆因素，让你有能力发现这些视频为什么能如此火爆。

实操案例：

比如"最强销售"这个账号，光是任正非的一条内容"我是被逼成为世界第一的"，一条内容点赞数 26 万，后台观看量超过 1000 万。

像这样的内容，就是从抖音热门中找到，然后重新加工之后，变成热门。

二、文案力——运用调动情绪的网络语言

对 1000 组抖音标题数据调查显示，抖音上最常用的语言有这样一些：

"喜欢"一词累计出现 246 次，出现频率最高，抖音上的年轻人完全不吝啬自己的情感表达；

"自己"一词出现了 222 次，出现频率第二，95 后小朋友们非常"喜欢""自己"；

一个新手，最好把看到的好标题，好评论，好警句，都收集成一个文库，发视频的时候，不要想当然地写标题，而是参考文库，写出好的文案。

三、创造力——模仿和改造经典内容

抖音作为全新的视频平台，它的表达方式是与图片文字有区别的，很多人会奇怪，我在别的地方看到过 N 遍的内容，怎么有人在抖音上发还能火起来？

其实也不奇怪，抖音是一个音乐娱乐平台，其推送逻辑是观众的喜爱，对于几亿观众来说，任何热度的帖子对另一些人仍然是新的。

　　所以，对于行业内部的一些优质内容，要懂得拿来模仿和改良，当你学会对流行热门的学习和改良，就会获得不少的关注。

　　案例：一条标题为"女生 4 个部分，越丑越健康"的视频阅读量达到了 3400 万，点赞高达 22 万，这条视频就是模仿，借鉴其它账号的内容，运用了"对比反差法"，进行再次创作。

第六节

快速引爆新账号的"两大战术"

> 新号的"中心引爆法"
>
> "埋点视频"是大家熟悉并且能够引起共鸣的内容，这样覆盖面才能达到最大化，然后集中力量评论转发，用"上热门"功能，把这一条内容彻底打爆！

——《短视频速成 10 万+》

对于很多运营短视频新号的人来讲，每天发布多少视频，什么时间发布，是一个很头疼的问题，我们来看看，抖音新号到底该如何爆发。

一、新号的"中心引爆法"

挪威人喜欢吃沙丁鱼，尤其是活鱼。市场上活鱼的价格要比死鱼高许多。所以渔民总是想方设法的让沙丁鱼活着回到渔港。虽然经过种种努力，但绝大部分沙丁鱼还是在中途因窒息而死亡。

但却有一条渔船总能让大部分沙丁鱼活着回到渔港。船长严格保守着秘密。直到船长去世，谜底才揭开。

原来是船长在装满沙丁鱼的鱼槽里放进了一条凶猛的鲶鱼。鲶鱼进入鱼槽后，由于环境陌生，便四处游动。沙丁鱼见了鲶鱼十分紧张，左冲右突，四处躲避，加速游动。这样沙丁鱼缺氧的问题就迎刃而解了，这样一来，一条条沙丁鱼活蹦乱跳地回到了渔港。

对于新用户发布的前 10 个作品，抖音会给你一个不错的推荐量，所以，**你发布的前 10 个作品，就像一批沙丁鱼，这里面必须找到一条"凶猛"的鲶鱼，彻底把所有作品带活！**

对于新账号，每天可以发布 2-3 个视频，测试用户对你内容的反馈，这里面，我们要懂得埋下几个"点"，**这个"埋点"的内容最好是大家熟悉并且能够引起共鸣的内容，这样覆盖面才能达到最大化，然后集中力量，把这一条内容彻底打爆！**

那么，在我们发布作品的过程当中，我们就要去观察，是不是有其中 1，2 条内容的播放量比其他内容高，然后重点对这条增加关注，邀请更多人帮助你转发评论，特别是在账号快速增加观看的过程中，进行"上热门"的操作，投放 100 元 –500元的金额，让这条视频更多曝光，如果这一条带动其他条火爆，就能同时带动前 10 个作品播放量，那么，**你的账号就会有一个非常好的基础量和权重，短视频平台在你未来发布作品的过程中，也会对你这样的新账号给予更多的流量。**

二、新号的"重点时间法"

根据用户不同发布时间的点赞转发，统计出数量比较高时间段。**通过下面这张图表可以看出，用户在什么时间段比较活跃。**

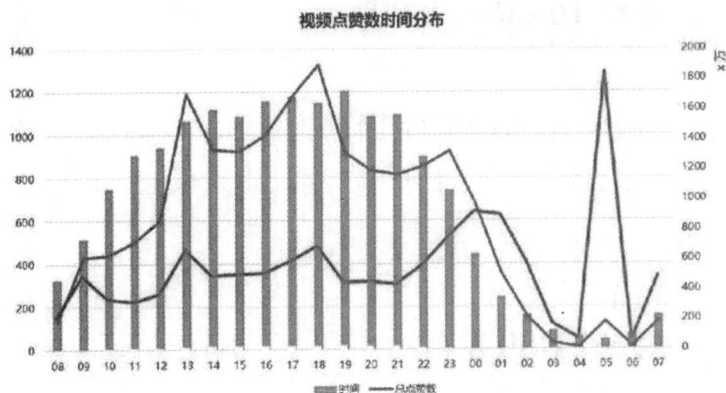

视频点赞数时间分布

可以明显根据时间段看出效果的差别，**早上 9:00 开始，中午 12:00—13:00，下午 16:00—18:00，晚上 21:00 左右，这些时间点都是用户活跃的高峰期。**

所以，对于抖音账号来讲，不同时间点发布不同类型的视频，是很有讲究的。

早上最佳时间在 9:00 点左右

最好发布一些正能量的视频内容，每天起来看到你的内容，开启元气满满的一天工作。

中午 12:00——13:00

中午休息，可以发布一些新闻类，资讯类视频，帮助你的粉丝了解行业最新动态。

197

下班 16:00—18:00

结束了一天的辛苦工作，尽可能发布一些轻松的，让人心情愉悦的视频内容，让大家在下班路上会心一笑。

晚上 21:00 左右

每个人都放松下来，时间也比较充裕，尽量发布一些心灵鸡汤，治愈粉丝小心脏。

发布一些引人思考的内容，与观众内心对话。

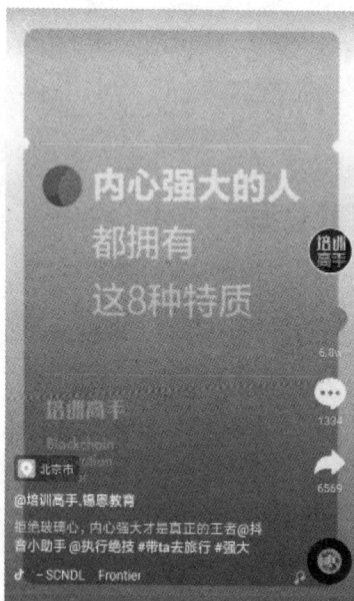

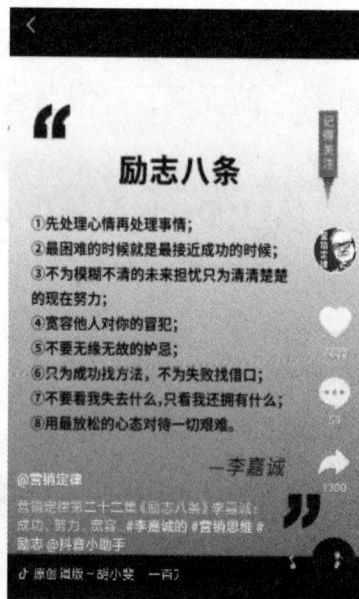

短视频制作篇

—— 如何制作出吸引眼球，震撼人心的作品

第一节

小白入门的两大模式：单图模式和字说模式

> 单图轮播法：
>
> 单图轮播的最大好处就是"超高完播率"。
>
> 如果你这个视频内容只有8—10秒，内容观众又没有看完内容的话，就会不断地循环播放，提高你的完播比率。

——《短视频速成10万+》

很多人上手抖音软件后，就犯难了，既不会唱歌跳舞，也不会段子课程，普通话也不好，颜值也不高，怎么拍摄抖音内容呢？

在抖音上有一种适合所有人制作作品的方式，那就是图片制作，优质的图文更容易表达那些视频无法拍摄的内容，所以在抖音平台上也同样深受欢迎！

一、单张图片模式

单张模式就是在抖音上把一张图片做成视频，配备音乐的呈现方式，这种单图的方式，适合放置文字稍多一些的内容，方便观众持续阅读习惯，是一种非常受欢迎的图片制作方法。

值得注意的是，在抖音选择一张单图，是不能添加音乐的，这就需要把图片制作为视频。那怎么制作这样的视频呢？

其实很简单，你只需要在手机里面选择录屏模式，对这种图片持续录制，就可以生成一段视频，直接上传这段视频配上音乐，就是一段非常完整的视频内容了。

单图模式最大的好处就是"完播率"100%。所谓完播率，就是观众看完你这个视频的比率。如果你这个视频内容只有8—10秒，不断地循环播放直到看完。那么你这个单图的视频，是不是就会计算出好几个"完播率"呢?

所以，这就是提高视频分数的很好的方法，我们称之为"单图轮播法"。

注意避免文字信息出现在图片下方 1/4 处，抖音标题，产品链接等信息会对图片产生遮挡，图片右边尽量不要出现文字内容，因为抖音头像、关注点赞按钮都在右边，也很容易产生遮挡。

二、文字语音的"字说"模式

有些人有很好的声音和表达能力，但是又不愿出镜，同时又不满足于图片文字的呈现方式，怎么办呢?

这个时候，我们在抖音还看到一种全新的表达方式，那就是语音加上文字的方式，这种方式的制作，需要用上"字说"软件。

字说：是个能把语音变视频的移动软件，文字断句都能选，不用辛苦对音频，字体效果可以自由调整，是讲课类内容做视频的神器。

（如下列内容图示）

语音如何自动识别转成文字动画视频呢?

首先准备一段自己想表达的内容,段子、心灵鸡汤或其他内容,用普通话流畅朗读之后,通过语言识别功能录下你说的话,然后再编辑视频细节,常用素材可以是搞笑段子、励志语录、音乐歌词、情感语录等等。

如何进行文字排版编辑?

软件识别语音转换的文字偶尔会有错别字的现象出现,为了达到最好的视频效果,在字说系统识别完语音之后,一定要在预览界面对生成的文字排版进行检查和优化编辑每一行为一组动画,空行代表文字动画视频中的"翻转"特效。

建议将文本排版为长短不齐排版,这样的呈现效果更有视觉冲击力,选择合适的字体、背景、文字颜色。

普通用户可以制作基本款的文字动画,会员则可以拥有更多的编辑功能权限。

建议有需要的人可以根据视频要表达的主题，选择不同的文字、字体和配色方案。

背景音乐的设置

好的背景音乐可以给视频更强烈的情感渲染，一个配有合适背景音乐的文字动画视频效果会比只有"纯人声"的视频更有感染力。编辑好文字的排版细节后，可以为视频再选择一个音乐库中的背景音乐，系统中的背景音乐均为适合大部分文字视频场景的优质背景音乐：有如轻音乐、励志、情感、搞笑、中国风等几大类别的背景音乐分类。

背景音乐风格的选择建议要符合视频的表达主题，音量控制在人声的百分之五十以下。

第二节

小白也能做出爆款内容，4 大必备软件制作

"

一、inshot 软件制作动态＋文字描述视频

二、爱字幕软件添加字幕

三、用微信小程序"去水印"

四、"培训链"APP 寻找短视频素材

"

——《短视频速成 10 万 +》

抖音，作为一个短视频制作平台，那么大家首先需要具备的技能就是学会通过视频来表达你的内容，然后让观众能够看到这些内容从而下单购买。那么今天手机软件已经能够彻底解决我们视频制作的问题，接下来，我们推荐 4 款短视频制作常用的软件和功能。

一、inshot 软件制作动态 + 文字描述视频

第一个就是比较常见的动态视频 + 文字描述制作模式，这样的视频有一个特点：在视频的上方，你可以去添加你的账号和你的账号定位，而视频的中间是一段动态的影像画面，在视频的下方，你可以把你视频里面的中心内容，通过文字的方式表达到这个画面上。

我们推荐大家去下载一款名字叫做 inshot 的软件。在安卓手机和苹果手机的应用市场里面，大家都可以下载到这款软件。那么 inshot 这款软件怎么制作视频呢?

　　大家首先要去制作一个图片底板，也就是说选择一张比较明朗清晰的图片。在上方添加你的账号名称和你的账号定位，保存这张图片到你的手机相册。接下来，我们可以上传录制好的一段动态影像到 inshot 软件。此时你可以选择它的画布，画布里面有两个推荐大家使用的比率，第一个是 16：9，是一个横屏的画布比率，第二个是 4：3 的方形画布比率，你可以使用手指缩放的方式，这上面选择你需要的画面，然后放置进来。

然后你只要选择刚刚存好的那个背景，添加到这个视频里面来。还可以在 inshot 这个软件里面添加文字，也就是大家所能够看到的视频下方的一系列你想表达的这个，通过 inshot 这款软件的文字编辑把它放到视频上。

大家注意在 inshot 里面的这个文字编辑里面可以通过手指的缩放去调整文字的大小，还可以选择文字颜色。

把这部分都做完以后，就可以去剪辑你的视频了，**比如说你的视频里面后半部分可能有些多余的内容，可以通过 inshot 剪辑功能来剪掉。**

当你把视频的内容全部看完确定没有问题之后。你就可以保存这一段视频到你的手机里面，这样你就会生成一个比较完整的动态影像的视频。

二、爱字幕软件添加字幕

在抖音这个平台上，我们经常会看到这样的视频。在画面播放过程当中，随着上面人物的说话，下面会自动生成一段字幕，这样的视频是怎么做的呢？

大家可以去下载一款叫作爱字幕的软件。只需要你做一个动作，把你这一段视频上传到爱字幕这个软件上，然后点击它的一键识别，它自动就会去识别你在视频播放过程当中所说的语音，转换为文字生成到画面上。

当你识别完这个视频以后，你可以去调整字幕的位置，也可以编辑文字或者对文字颜色等属性进行修改。当你完成修改之后，就可以制作出一段有字幕的视频。

三、微信"去水印"小程序

很多时候大家会在抖音这个平台上面看到一些比较好的画面，想要把这些片段或者画面变成你抖音视频中的一部分，那么怎么办呢？

在抖音这个平台上，是不允许你直接下载别人的画面拿来用的，当你在抖音上面下载一个视频，在它的左上角或者右下角都会出现抖音的 logo 和他的抖音号，我们管这个称之为水印。那么你就需要去把抖音上面下载下来的视频进行去水印。

那么如何去除这个水印呢？

大家不需要下载任何一款软件，只需要去微信里面搜索"去水印"就可以出现小程序。把你的视频链接直接上传到这些小程序上，它们会把你的视频链接解析后把视频保存下来，生成一款没有水印的视频。这个时候你就可以运用这些视频的片段或内容。

四、用"培训链"APP 寻找短视频素材

如何去找一些比较好的素材或文字内容。推荐大家下载一款 APP——培训链，这也是我们中国抖商大学亲自为大家研发的软件，将我们运作抖音过程当中一切优质的素材，分成了 13 个类别，特别是抖音上热门的销售，短视频，自律等方面内容更是极其丰富，包括底板，文字，以及无水印视频片段等素材，全部都整理进入"培训链"。当你下载好这款软件，就可以在里面去寻找你想要的优质视频素材。

第三节

创造爆款视频的 "6 有原则"

"

1、有趣的：内容要么轻松，要么搞笑

2、有颜的：颜值够高，点赞一定高

3、有爱的：爱心帮扶，可爱宠物，都是热门题材

4、有才的：特殊才艺让人望尘莫及

5、有景的：图片可以直接当屏保

6、有用的：生活小妙招，拿来就能用

"

——《短视频速成10万+》

很多人说，视频技术已经都会了，上传的内容也精心设计过了，为什么观看量和点赞量还是上不去呢？那是因为你的作品还不够"吸引"人！

拍摄出有吸引力内容的"六"有原则

1. 有趣的

有趣才能吸引人，内容要么轻松，要么搞笑

搞笑类内容,是所有人都适用的广泛娱乐类型,绝对不会有错。

用户真的笑出来时，点赞行为就成为了顺其自然的一种奖赏表达。

2. 有颜的

颜值够高,点赞一定高!

外表吸引力,容易带来心动的感觉。

很短的时长,外表有吸引力更容易在第一秒就获取用户的好感。颜值高有亲和力的视频大家都喜欢第一时间去点赞、评论,反复观看率也更高。

3. 有爱的

爱心帮扶，可爱宠物，萌萌的小朋友，都是热门题材。

这类内容可以唤起观众的爱心，也是点赞转发非常高的内容，非常容易让人点赞和反复观看。

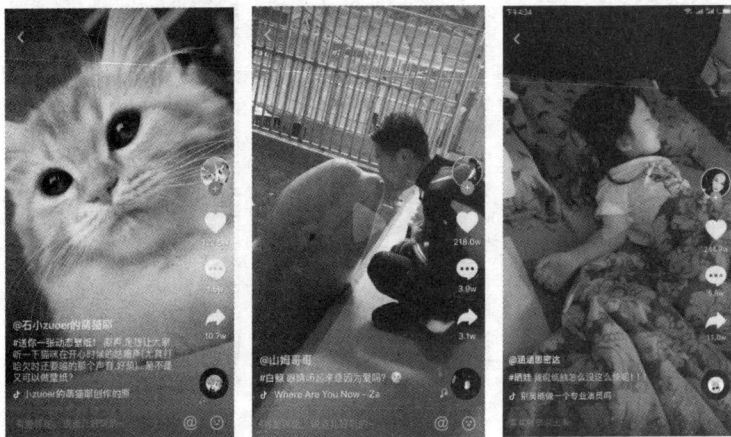

4. 有才的

有特殊才艺让人望尘莫及，让人由衷钦佩。

越来越多生活化的技能，像影视特效、课程分享等可以通过持续在抖音里做各类相关视频内容，来获得很多用户的点赞和关注。

5. 有景的

"中国马尔代夫",图景可以直接当屏保。

壮美的大自然景观,尤其是一些特别的美景通过视频来展现就能给用户深刻唯美的感受。

6. 有用的

生活必用小妙招,会有很多人观看,增加视频收藏量。

> 画质清晰，无明显噪点、五官清晰可见、无过度曝光、过暗。
>
> 视频内容为竖屏、满屏优先推荐。

——《短视频速成10万+》

制作抖音内容过程中，如果你是个人拍摄出镜的类别，这几点也需要重点关注：

画质清晰

无明显噪点、五官清晰可见、无过度曝光、过暗。

（用抖音拍摄推荐机会更大哦）

内容竖屏观看

视频内容优先推荐竖屏、满屏，横屏视频若内容优质、可看性强，技术创强性强，也可入热门。

无外站水印、无贴纸遮挡。

第四节

热门标题 5 大类型和 3 种方法

"

短视频热门标题五大类型：

反差认同型、给好处型、细分类别型、
名人效应型、情感段子型

"

——《短视频速成 10 万 +》

一个好的标题，可以起到画龙点睛的作用，对于短视频标题，有以下 5 种爆款类型可以借鉴：

第一、反差认同型

反差性质，情理当中，意料之外。

例如：我们自己运营的账号有 3400 万阅读量的标题：《女人 4 个部位，越丑越健康》，这样超出传统认知又有惊喜的标题一般情况会比较吸引人。

第二、给好处型

标题一定要清晰的标出有几条好处，并在结尾处以问号结束。

例如：《一个人没有出息的 12 个特征，你中了几个？》。当给好处标题出现的时候，很容易与观看者建立沟通，他们在一边看内容时，一边就会对应学习到相应的内容和结论，不知不觉就给你点赞了，同时会增加推荐权重。

第三、细分类别型

这种标题直接的表达了一种生活态度，目的是让同处同一种生活处境的人，直接针对一类人，产生共鸣，增加视频的点赞量。

例如： 旅行攻略账号：《这一次，没有男朋友，没有闺蜜，就自己，来一次心灵的旅程》这个标题，开始讲没有男朋友，就把单身的女性分出来了；好处：再讲没有闺蜜，就把独立的单身女性分出来了。抖音用户 5 亿，根据现在单身情况，至少也得有几千万单身女性，因此，这类的标题非常容易引人关注。

第四、名人效应型

名人效应，是名人的出现所达成引人注意、强化事物、扩大影响的效应，或人们模仿名人的心理现象的统称。简单说名人效应相当于一种品牌效应，它带动人群，它的效应可以如同疯狂的追星族那么强大。

例如：《古天乐：不住别墅，捐 100 所学校，最应该感谢的艺人》，《任正非：我被逼成为世界第一》，这些标题基本都是每一条都能火。

第五、情感段子型

这种标题，即容易产生共鸣，又容易让人猎奇产生联想，而且，可以使得之前拍的视频，重新被用户查看，带动整个账号的视频都火起来。

例如：《傻瓜，阿姨走了，阿姨真的很爱你，大你十岁，你年轻不懂事，我得理智，阿姨这辈子耽误了你，微信把你删了你一定要幸福》。单独看这段话，就充满了故事性，评论区更是充满了稀奇古怪的猜想！但发此类视频时，一定要提前规划，如果之前的内容与这条内容没有保持整体性，粉丝量将不会增加！

"给好处"型　　　"细分类别"型　　　"名人效应"型

对于账号的标题，我们还有以下三种方法，可以帮你获得更多的关注。

方法一：留存悬念，写出一个疑问，写出一个开头，后半段不再回答，用户在猜疑过程中看完视频，结尾恍然大悟。

提交视频的完播率，这招非常管用。最后视频的结果与观众思路有差别，还会促使用户热情互动。

对于这种方法，你可以运用这些词：

这几个绝招、这几个秘密，大家都在看、应该这样玩、追、做、2分钟学会等。

还可以用一些疑问词：

如何、怎么样、为什么、难道、居然、竟然、究竟、简直、难怪、反倒、何尝；

方法二：场景刺激，找到与客户场景、年龄、经历相类似的标题，去刺激用户点赞、评论和转发。

比如：

你的两岁在干嘛？

你高考的时候遇到过吗？

这种标题，在撰写一开始，就以用户角度为切入点，会获得比较好的互动效果。

方法三：情绪入手，通过激发愤怒，感动、开心等不同情绪，唤醒人们的不同行为，比如辱华的"D&G 事件"的例子，唤起的就是一种愤怒背后的爱国情绪。

"

短视频热门标题的三种方法：

　　1、留存悬念；

　　2、场景刺激；

　　3、情绪入手；

"

——《短视频速成10万+》

短视频涨粉篇

——如何利用短视频规则实现快速涨粉

第一节

如何通过优质内容涨粉的三个方法

"

第一：反差认同法：先苦后甜，先逆后顺

第二：要素列举法：核心要点，一图列举

第三：热点跟踪法：紧抓热点，精细加工

"

——《短视频速成10万+》

在抖音上面，我们经常会遇见一种让人"愤愤不平"的现象：

为什么有些人的账号作品不多，但是粉丝量却很高？

为什么别人发的作品点赞数超高，你的作品平淡无奇，石沉大海？

为什么我作品里面，有心栽花的没有火，无心插柳的却节节高升？

往往你忽略了抖音里面创造出这些"优质内容"的玩法，我们总结出三条经典套路，帮助大家尽快上手操作。

第一：反差认同法

在学校教育中，有一种反差教学法，该方法主要讲"先苦后甜，先逆后顺"，即先给予挫折，然后见光明。这种方法应用到抖音短视频中同样适用。它类似于"标题党"，但在内容中，要求必须全是干货，且让人认同和信服。

比如，我们运营的账号其中一条内容观看量达到了 3400 万，这条内容标题讲了一句话："女人4 个部位，越丑越健康"！这个标题，就是使用了反差认同法。

我们看它的内容：

1.乳房小，脊柱更挺拔，D罩杯以上的人，越容易出现背痛及脊柱弯曲；

2.屁股大，臀部大的人，体内坏胆固醇水平低，患心脑血管硬化几率小；

3.耳朵大，老了不失聪，外耳越大耳道获得的声音就越清晰；

4.大腿粗，心脏好，大腿周长60厘米以上，早亡和患心脏病风险大大降低。

"乳房小、屁股大、耳朵大、大腿粗"，在日常生活中绝对都是非常影响颜值的，但话说回来，生活中有几个完美的女神呢？所以在视频的内容中，又专门作出了解释，告诉观众，别在意"乳房小"，它能让你身材更挺拔，让你减少脊柱病痛的发病率。这会立马拉近与观众的距离，对你这条内容产生好感，当产生好感之后，就会以点赞作为回报，进而收获粉丝。

类似的内容，你还可以这样写：

1. 我不懂销售，但我总能成为销售冠军。

2. 我是矮子，不妨碍我做个高人。

第二：要素列举法

抖音是一个"短视频"平台，优质内容能够得到很多人的认同。特别是通过单图方式，把一些实物核心要素通过一张图列举出来，能够简明扼要的告诉别人价值所在，这样的内容也能够得到很好的涨粉。

1. 标题要明确，目的是给观众带来信服感。

2. 内容要击中痛点，目的是获得点赞。

3. 给痛点编号，目的是让留言变简单，回复数字就可以。

4. 设置互动问题，目的是激发用户回复。

5. 背景音乐不能超过 8 秒，且让人听起来无缝循环，目的是迎合抖音的推荐逻辑，让这条尽快播完。

第三：热点跟踪法

热点这个词，大家都不难理解，世界这么大，几乎每天都有成百上千的热点产生，玩过微博的朋友都知道，微博每天都会有热点关键词排行，会有很多人为了吸引关注，利用热点在微博上做一些段子。这样的热点在抖音上，同样适用。

武侠巨匠金庸去世，让全球的金庸迷为此悲伤，去世的消息一经发布，迅速成了各大媒体的热点，抖音上一条仅"金庸去世"的话题，短短 3 天就创造了近 9000 万个视频。如果吉尼斯纪录给抖音开个纪录频道的话，这个话题必定会获奖。

那么，一个热点，作为抖音的运营，该如何抓住呢？

这样的热点，有三个主要传播阶段。

1. 消息

这要求运营者，必须及时获得第一手准确信息。当获得这样的消息后，我们可以无须加工，直接转，就能获得关注。

如右图：

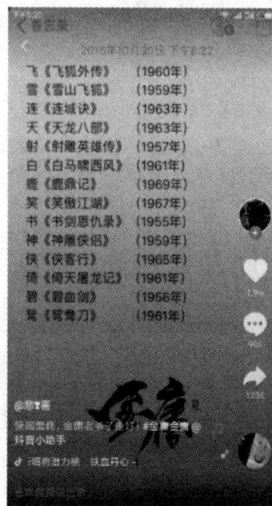

2. 精加工

当每个人知道金庸去世后，这时候，你再单纯地发他的照片就不会获得太多的关注了，因为，用户的收藏栏里面已经有类似的了，这时候，就要求我们去附加一些与热点人物相关的内容，比如金庸先生生前的著作。

通过对热点不同角度的诠释和解读，能够给观众带来一个全新的，更加专业化的视角，产生耳目一新的感觉，让别人由衷钦佩，从而更好的关注你。

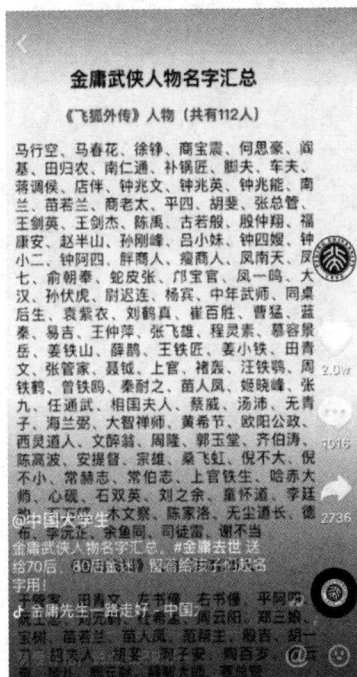

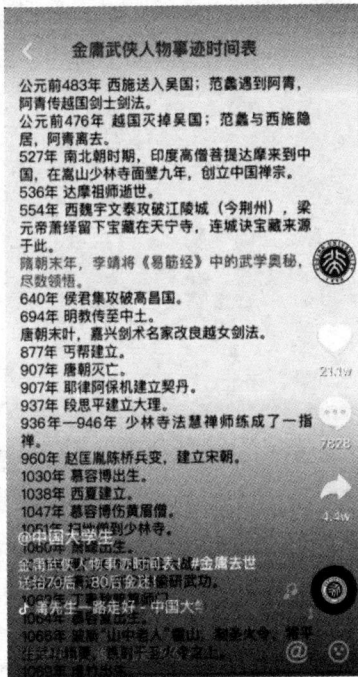

第二节

抖音三大阶段的涨粉关键点

"

第一阶段：点对点互动，一对一互粉

第二阶段：注重内容，给予价值

第三阶段：完善整体，注意底线

"

——《短视频速成10万+》

每个人出生就可以办理身份证，到了 16 岁可以办理成人身份证；每个人在不同阶段，身份是不一样的，承担责任自然也不一样。

在抖音上也是同样的道理，粉丝量不同，与粉丝的互动运营方式也就不同，所做的事情也不一样。

这就是我们常说的一句话："能力越大，责任也就越大"。

如果你是一个百万粉丝量的账号，那么你就会有很大的影响力，你所表达的内容，就一定要承担百万粉丝账号主的责任，不能发布违规视频和语言，不出现有不良导向的画面。

第一阶段：粉丝在 100——10000 之间，一一互动，个个互粉。

1. 抓住评论视频的用户，及时回复粉丝的评论，回复尽量用疑问句，吸引粉丝互动回复，提高账号的互动率，增加抖音推荐视频的机会。

用户关注或评论表示认可你的观点或视频内容，让用户产生认同感。和所在行业的大号多互动，也可以吸引更多用户的关注。

2. 抓住关注你小众目标用户，尽可能符合他们口味

视频如果让用户感觉到有所收获，就会转发并关注，特别是你在一个细分领域里面做内容，那就尽可能垂直在这个领域，初期为了更多的曝光量，可以跟一些热点内容，切忌不断变化风格。

例如：穷游中国

这个账号可能对收入较高的用户吸引力不会太大，但对于经济收入较低的学生群体，刚刚步入社会打工族来说，就是一个获取攻略，学习省钱旅游的大宝库！学生虽然没有经济实力，但想利用寒暑假游览祖国的大好河山，这批小众人群，在互联网上共同聚集起来，同样是一个很庞大的数量；许多这类型的抖音观众，看到这条内容之后就会有很大的收获，我终于可以用较少的钱游览观光，实现旅行梦想。

所以，视频内容会吸引同类用户的关注，抓住自己的目标用户至关重要。

持续不断的为粉丝输出优质内容，并坚持每天更新，培养用户习惯，愿意每天看看你最新内容，增加用户粘性和依赖性。

第二阶段：粉丝在 1 万——10 万之间，注重内容，给予价值

如果你的粉丝在这个阶段，那么恭喜你来到了一个重要的上升期，因为这个时候，你有一定的粉丝基础，又有内容把握等方面的经验，这个时候，涨粉应该是非常快的！

正是因为这样，这个阶段的重点一定要明确：你的内容能否给用户带来持续不断的优质内容体验，让用户感到有价值，有认同感，愿意成为你的粉丝。

与此同时，持续不断的为粉丝输出优质内容，并坚持每天更新，培养用户习惯，愿意每天看你最新内容，增加用户粘性和依赖性。

第三阶段：粉丝在 10 万——50 万之间，整体至上，注意红线

到了这个阶段，粉丝数量不断增加，说明视频内容基本没什么问题了，在保证内容质量和持续输出的前提下，删除过去一些低点赞低质量内容，吸引更多用户查看更多优质内容,提高账号整体水平。

　　同时，成为拥有 10 万粉丝的大 V 用户之后，要注意规避抖音的敏感词，避免出现过激言论，避免触碰抖音的红线。

▌第三节

卖货的同时也能涨粉的 4 种玩法

"

玩法一：情理之中、意料之外的产品用途

玩法二：夸张产品功能，让人印象深刻

玩法三：产品植入生活场景

玩法四：企业内部文化展示

"

——《短视频速成 10 万 +》

在互联网上，有一个很重要的词叫"带货力"，就是衡量能够带动产品销售的能力；那么，如何在涨粉的同时还能有很高的"带货力"？以下这几个玩法就来带着你详细了解一下。

玩法一：产品在情理之中、意料之外的用途

在产品越来越同质化，用途越来越清晰的情况下，如何创造出一些跨界用途？这种给人惊喜，眼前一亮的特殊效果，往往会让人拍案叫绝。

举个例子，有抖音网友突发奇想地研究了海底捞"超好吃"的底料搭配法，然后制作了一个"100元吃垮海底捞"的视频，在抖音上很快火了起来，用海底捞免费赠送的食材，制作麻辣锅底、牛肉饭、海鲜粥等。

据一名海底捞服务员介绍，"最近一个月，五桌有三桌都是点抖音套餐，番茄锅底、油面筋桌桌必点，连小料台上牛肉粒和芹菜粒的消耗都是之前的两三倍"。

让人没想到的是，海底捞不仅没有限制，反而顺应抖音吃法，直接推出一系列"网红秘诀"。

很多人根据这些搭配，不断的到海底捞"打卡"，拍摄同款视频，上传地理位置，抖音标题"我在XXX海底捞的网红款"满天飞，让海底捞的客流量快速增长，意想不到的获得了品牌传播和业绩飙升的双丰收。

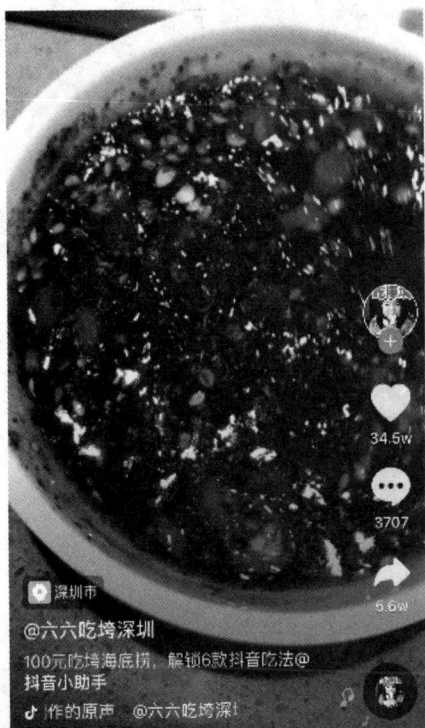

玩法二：产品功能夸张化，场景化

产品在一些地方有特别突出的功能，让人印象深刻，可以尝试用夸张的方式，通过视频的场景化方式表现出来。

例如，奔驰车中控有一个隐秘的空间，亮点在"藏私房钱最佳位置"的夸张演绎后，成为热门话题，抖音视频点赞量超过17万！

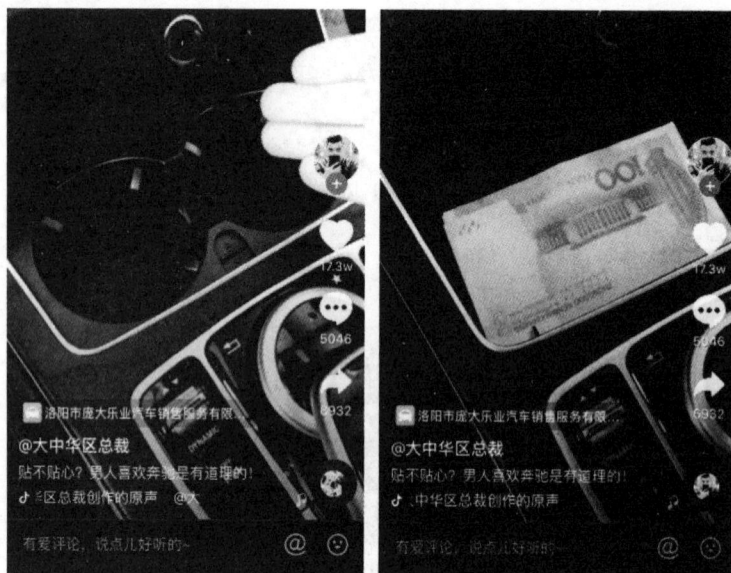

同样是奔驰的特殊功能：可以通过语音与奔驰车对话，当视频制作者让奔驰把"氛围照明灯变成紫色"的时候，画面颜色从红色转变成为紫色，这种强烈的互动感和场景化的呈现方式，让很多人感觉到非常赏心悦目，自然提升了产品的好感度。

玩法三：通过场景和内容进行植入

把产品植入到某个生活场景当中，作为重要的背景道具、达成目的的工具，也会有很好的效果。

很多抖音内容看起来品牌只是无意出现的背景，但其实是场景中悄无声息的植入。例如某网红购买服装，100元淘到好衣服，但是往后看，你能看到大大的"H&M"。

另外一个案例是小米的平衡车，表面上是员工去找雷总的工具，其实无意间植入了小米平衡车的新玩法，那就是配上套件做成卡丁车，这也是一种植入式玩法。

玩法四：企业内部文化展示

企业文化，公司化的特殊场景，也会特别引起同样职位同样状态的观众的兴趣。

例如：小米的抖音账号之一"小米员工的日常"不断展现员工之间的交流和趣事，展示员工和老板的关系等话题和素材，获得了大量的观看和点赞。

我们创作的视频内容"50万抖音粉丝先生"，就是使用了办公室场景，让有些账号运营者通过不同粉丝量，普通的吃馒头，优秀的人吃烤鸭的方式，传播抖音粉丝数量在公司的不同收益和地位。

所以，不要担心宣传产品和内容本身的冲突，完全可以使用这些方法让你的账号涨粉的同时，也能够宣传产品，从而达到很好的传播效果。

第四节

热点、同城、直播，涨粉三大秘密通道

"

通道一：关注热点榜，获得热门内容

通道二：高效运用"同城"功能

通道三：直播互动，增加关注

"

——《短视频速成10万+》

抖音是一个"强运营"的音乐平台，会发布一些主题活动来让客户参与，如果新号参与到这些活动中，就会增加被推荐的可能。

而作为固定的栏目，通常有下面三种重要功能大家必须了解：

一、如何用热点榜上热门

"查看热点榜"这个地方，能找到抖音不同品类最新热门的内容；**对于新号，我们应该养成一个特别好的习惯，那就是每发一个视频之前，我们都提前来了解"热点榜"！**

单击热搜榜，出现几个重要排名，其中最重要的三个分别是：1. 热搜榜；2. 正能量。

1. 第一个是热点榜，可以查看热搜话题的火爆程度，可以跟热度拍摄类似视频，或者在你的标题里面，直接加入热搜主题，这样增加视频曝光度，这个地方是你每次发视频最应该看的了。

2. 第二个是正能量，可以查找最近正能量的热门视频，可以在这些视频下面去做精彩回复。

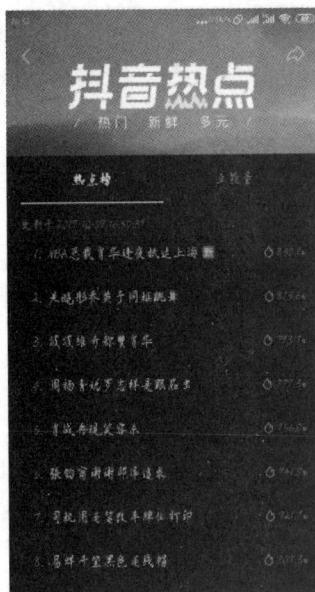

热点榜

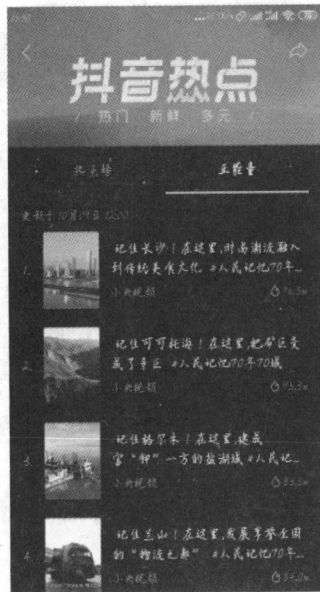

正能量

二、新号如何高效运用"同城"功能

1. 当你在发送视频的时候，你可以增加地区选项，这样你发布的视频同时会出现在定位的城市列表当中，增加本地观众看到你的几率。

2. 如果你有线下店铺，在发布的时候，选择你的店铺作为发布地址，这样可以把你的视频内容和你的店铺相结合，方便别人可以通过你发布的视频找到你的店铺。

三、直播在抖音中的重要作用

直播内容在抖音中并不是主要功能，也不会在首页面上列表显示，但是抖音对好友的直播呈现方式是横排直接出现在首页，正是因为直播的人少，所以如果你在好友当中多直播，很多人可能会首先看到你！

直播作为抖音唯一可以进行打赏的模块，如果你是达人，优质主播，那么可以通过直播获得打赏收益。

1. 抖音直播当中的购物车也是一个非常重要的变现工具

直播可以展示商品的数量更多，时间更长；直播能更直观的展示商品，360度给人真实和信赖性更强，直播时效性强，可以做抽奖、限时秒杀、免单等活动，用户购买决策时间短，多冲动消费；直播用户流量需要通过直播内容有趣和有用留住用户。

2. 直播的注意事项

· 不允许露沟穿吊带

· 不允许穿短裤、裸露上身

· 不允许有未成年人入镜

· 不允许长时间不出镜（5分钟内）

· 不允许口播淘宝店、店铺、微信号等

· 可引导视频下方购物车和主页橱窗购买

· 不允许口播橱窗和购物车内没有的商品

· 不能多平台同时开播直播

· 可以引导用户点击直播页面的购物车或者主页的橱窗进行购买，抽奖、优惠券等

· 如果有临时直播中断的，可以及时反馈给电商小助手，及时查看

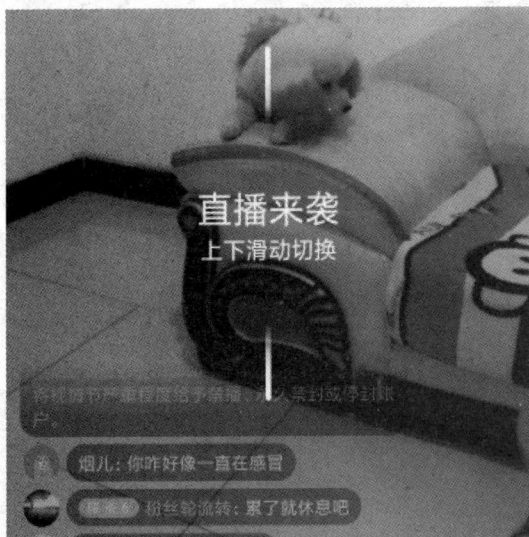

"

对于新号，我们应该养成一个好习惯：每次决定发布视频之前，我们都需要提前了解"热点榜"。

"

——《短视频速成10万＋》

短视频变现篇

——短视频如何开橱窗，边玩边赚钱

第一节

抖商新模式：视频内容 + 电商橱窗

> 视频内容（场景表达）+ 电商橱窗（弹出下单）= 抖商
>
> ——《短视频速成10万+》

小李上班过程中昏昏沉沉，精力特别不集中，同事一问，原来是昨天"双十一"网购到半夜，同事纷纷问买了什么好东西，小李开始倒起了苦水：原来双十一都不想买什么东西了，但是最后想起来给自己买几双袜子，结果一上到平台上面，就跳出来很多优惠券，一个个领取，各个平台都有券，发现还可以拼单优惠，小李折腾几个小时下来，快到深夜12点了，小李才想起来购买袜子，结果搜索下来一看，每一家都把概念吹得天花乱坠，价格千差万别，最后好几家比价，小李实在不知道怎么选，最后选了比较便宜的一家购买，结账时候虽然省了十多元，但是几天到货后才发现，袜子特别不透气，根本没法穿。

像小李这样的情况，是很多人网购过程中经常碰到的情况，因为传统的电商模式是"搜索电商"，当我们缺少了什么东西之后，我们才会上去搜索，产品必须通过搜索才能显示出来，与此同时，搜索是按照销量和价格等因素来排序，这样往往不会真正购买到我们想买的东西，这就是传统电商的弊病。

抖音出现了一个其他所有平台都无法比拟的**购买场景**，那就是**边看视频，会边跳出橱窗。我们称之为视频电商，或者讲叫抖商**，我们把这个场景通过一个公式表达出来，那就是：

视频内容（场景表达）＋电商橱窗（弹出下单）＝抖商

　　抖音的视频表达方式是一个场景，商品的使用是在场景里面的；那么这样的话，抖音就是一个区别于"搜索电商"的"推送电商"的模式，那就是把符合你的需求的产品，通过场景推送到你面前，比如我们特别需要一个炖锅，如果是在淘宝平台，你想用图片去表明锅是不是适合我们家的灶台，适合什么样的食材，炖出来是什么样子，其实是很难表达清楚的；但是只需要一个视频，我们就能清清楚楚的看到使用的场景，然后判断是不是真正意义上的"适合我"。

　　与此同时，如果你看到需求相似的场景，抖音的橱窗功能会在视频播放过程中跳出来这个产品，那么你一点击，就能跳转到淘宝购买下单，你根本不需要跟任何一个产品进行比价，这种视频电商的销售模式，创造了一个又一个销售奇迹。

　　这种通过抖音视频语言表达，通过场景传递，通过橱窗下单的"所见即所得"的购物形态，将会开启一个全新的"抖商时代"！

第二节

0 粉丝就能开橱窗，抖音到底怎么卖产品？

> 0 门槛开店，不需要缴纳店铺费用，只要有账户，没有粉丝，也能开设店铺！
>
> 短视频去中心化的流量推送，让人人都能获得流量，获得商品展示的机会
>
> ——《短视频速成 10 万 +》

一次 MBA 课程上，很多年轻的创业者在争论，做生意到底什么因素最重要？有人讲是技术，有人讲是产品，一个很会做生意赚钱的老板讲了一个故事：

他当年白手起家，做出来的产品没有人买，他想法很简单，哪里有人，就去哪里卖产品。他看准了火车站门口，就这样赚到了很多钱。但好景不长，火车站开始规范店铺模式，不允许他们在火车站门口继续做，他立即就断了生意。他意识到，不仅要有人流量，更要有"正规的店铺"，于是，他花了很多钱，在市里面的百货公司租下了几个专柜，刚开始生意还很不错，但是几年后，逛百货公司的人越来越少，生意越来越难做。他突然又意识到，原来店铺和人流量，这两个条件，才是所有生意最重要的要素！

这个故事其实讲出了所有生意的出发点：**店铺和人流量。**

那么，今天的互联网生意，到底在哪里开店？哪里又才会有流量呢？

1. 实体店（前期投入几十万、有流量）。

2. 淘宝店（有线上店铺、前期较少投入、无流量）。

3. 微商（无店铺、有流量）。

那么，哪里既有流量，又有低门槛的店铺呢？**答案就是在抖音！**

2018 年，抖音与淘宝达成合作，给 100 万抖音粉丝的视频达人开设抖音橱窗的资格；后来这个功能的门槛降低到 10 万。2018 年 9 月，槛又进一步的降低到了 8000，最后，抖音直接 0 门槛开店，也就是说，不需要缴纳店铺费用，只要有账户，没有粉丝，也能开店，这样的机会，在任何一个平台都不可能再有的。

与此同时，抖音平台用户即将突破 8 亿，月活用户也已经将近 5 亿，更为关键的是抖音去中心化的流量模式，让个人都能获得流量，获得商品展示的机会。今天，既能够开店铺，又能够有流量的地方，非抖音莫属，**这也是为什么我们把 2019 年，定义为"抖音营销"元年，提出一个非常响亮的口号：2019 做什么？抖音开橱窗，边玩边赚钱！**

那么，抖音店铺到底怎么开呢？

抖音开店非常简单，只需要满足两个条件：

1. 发布视频达到 10 个以上。

2. 实名认证。

 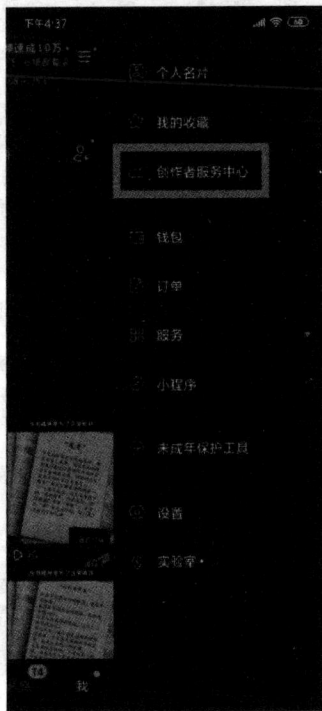

读书笔记

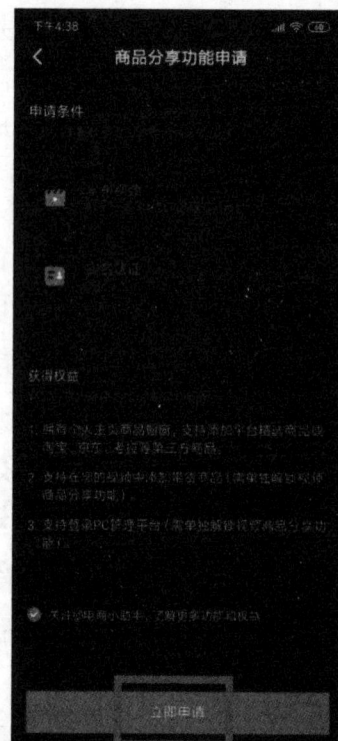

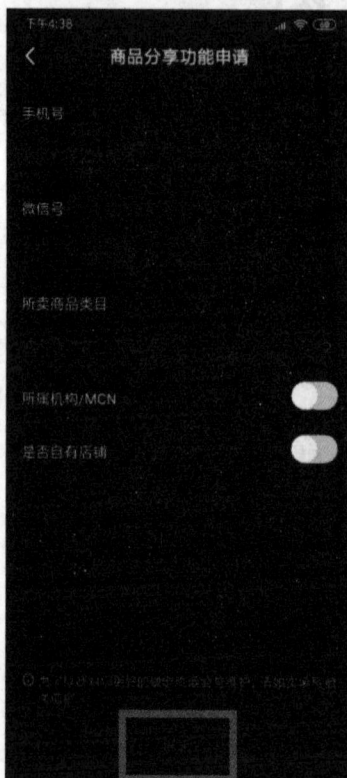
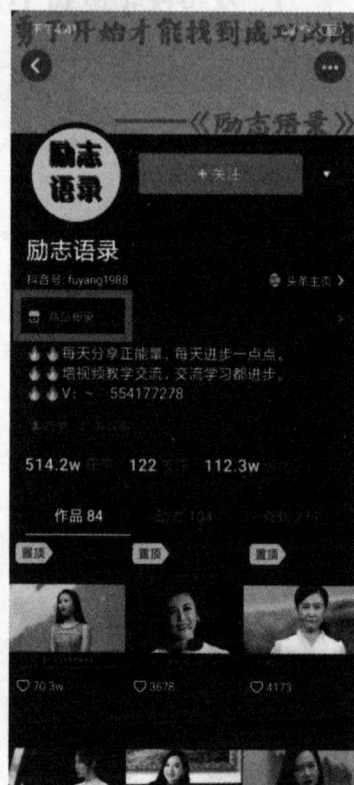

第三节
个人如何通过短视频变现

"

开通橱窗，获得推送后，如果内容与产品能够完美的结合，观众就会通过橱窗下单，这是抖音最快最有效的变现方式

"

——《短视频速成10万+》

一、橱窗"视频软文"卖货变现模式

如果你拥有抖音账号，发布 10 个视频以上，并且实名认证，那么恭喜你，你就可以开通橱窗卖货了！

开通橱窗之后，橱窗产品可以直接链接到淘宝店铺；**然后你最需要做的就是通过你的视频，制作优质内容来给产品制造使用场景。**

这样，一旦你的视频获得抖音的推送，你的视频将会在别人首页上出现，如果内容与产品能够完美的结合，观众就会通过橱窗下单，这是抖音最快最有效的变现方式。

案例解析

比如我们想要让学员去理解抖音涨粉了有什么用，有什么价值？我们就拍摄了一组，"50 万抖音粉丝先生"的视频。

这个视频大概在 20 秒左右，清晰表明了不同粉丝数的账号运营者的区别：在公司是什么样的待遇，2 万粉丝的吃馒头，4 万粉丝的吃宫保鸡丁，50 万粉丝的吃烤鸭。这样的视频内容不再是硬性的广告宣传，是通过软性的场景。告诉观众，做抖音粉丝成为大 V 后，是可以创业赚钱的，所以粉丝最多的人，可以天天吃"烤鸭"！

这样，随着视频内容的推进，在清晰表达了"涨粉赚钱"新趋势的同时，**橱窗产品自动跳转到屏幕，观众可以即时购买，即时参与学习**。（案例详见图1）

二、广告植入产品变现模式

广告变现也是一种常用的手段，商家会通过与达人合作，植入的方式来实现。

例如：在抖音上擅长模仿的草根网红"大姐夫"，拥有271万粉丝，在自己的账号里面拍摄了一段内容，并且植入了一个咖啡品牌，把产品作为重要的视频背景来使用。对于个人粉丝比较多的用户来说，这样也是一种变现途径，但是这样的的广告形式相比视频软文的场景模式要稍显生硬一些。谁也无法保证永远拥有高人气，所以这种变现形式比较难以持续。（案例详见图2）

三、代言变现模式

真正通过一种能力或者一门手艺来聚合粉丝，我们一般称之为达人，这类达人本身有专业能力，所以可以**通过给品牌或者给特定服务进行代言的方式变现**。

爱好旅行的小小莎老师在抖音上面有将近613万粉丝，她在抖音上发布自己在旅途中拍摄的视频，每一条视频的获赞数都会过万。

抖音用户以女性为主，她们的共同特点是，热爱生活，追求美好事物，特别关心旅行、时尚类的内容。从自然风光，到全世界各地的网红旅游目的地，小小莎老师发布的每一条视频都受到粉丝的喜欢，她的走红在于她让很多人满足了对"想做又不能做的"事情的幻想和憧憬。

与此同时，她也在给很多旅游景区代言，把不少旅游景区带成了必去的网红景点，让这些旅游景区获得了非常好的曝光量，通过旅游景区给她付代言费的方式，**实现了个人专业能力的变现**。（案例详见图3）

图1：视频软文模式　　图2：广告植入模式　　图3：代言变现模式

‖ 第四节
企业如何开通蓝 V 认证和官方链接

"

企业账号官方认证两大权益：

官方认证标示, 彰显企业身份, 权威信用背书。

主页链接跳转, 为企业官网内容提供落地平台。

"

——《短视频速成10万+》

为宣传全新 BMWX3 上市，宝马品牌入驻抖音，正式开启短视频营销新篇章。

短短的 2 个月时间，宝马通过品牌投放，实现超过 1.35 亿的强曝光，由广告正片剪辑的短视频，曝光达成率高达 254.54%，同时收获 53.5 万赞。

抖音用户的年轻化人群，非常符合宝马品牌追求年轻、创新的价值观。与此同时，更多宝马要表达的创新内容，也让抖音用户感受到了宝马新品的魅力。

以宝马的加入为标志，越来越多的企业用户加入到抖音当中来，那么蓝 V 用户，也就是企业用户应该如何做抖音呢？

第一：企业为什么要开通蓝 V 认证

自 2018 年 6 月 1 日，抖音企业号正式上线，并开放蓝 V 注册，蓝 V 享有多项专属权益。

认证的企业账号将享有官方认证的相应权益：

官方认证标示，彰显企业身份，权威信用背书。

主页链接跳转，为企业官网内容提供落地平台。

第二：开通蓝 V 步骤

① 请确认您申请认证的抖音账号

申请企业认证时，您登陆的账号即为认证账号，提交申请后无法更换，请先确定您需要认证的账号为您的企业账号，非个人抖音账号。如您暂无账号，您可注册一个抖音账号，推荐您使用今日头条作为第三方登陆方式创建抖音账号。

申请企业认证的抖音账号，需绑定手机号，未绑定手机号的账号无法申请企业认证。认证企业认证的抖音账号，账号信息应符合企业身份，包括头像、用户名、签名均不能以个人身份申请认证。

② 申请企业认证

使用**电脑端**打开抖音认证页面登录抖音短视频：renzheng.douyin.com。或登录抖音官网：www.douyin.com，在官网上方导航栏中找到「企业认证」，即可进入抖音认证页面。

附：

申请抖音「企业认证」，需要满足哪些条件?

已拥有抖音账号，且账号信息（头像、用户名、签名）符合企业认证信息；

提交账号信息对应的企业主体营业执照彩色扫描件；

提交认证公函加盖公章的彩色扫描件；

如有请提供：网站 ICP 备案查询截图、商标注册证扫描件、软件著作权证扫描件、其他品牌授权文件扫描件。

申请抖音"企业认证"的资质要求如上所述，审核公司不会要求您提交其他资质或文件，您提交的所有内容均只用于抖音"企业认证"。

认证有效期

抖音**"企业认证"有效期定为一年**。到期后如需继续使用高级功能，需要再次申请认证。

服务费用

申请企业认证需**支付 600 元 / 次**的审核服务费用。

第三：认证完成后，开通官方链接步骤

抖音蓝 V 认证完成后，用认证的手机号登陆

头条号，在头条号后台找到"抖音"点击进入"主页设置"输入"官方链接"点击"保存"，审核通过后，即可在抖音首页显示。

附：

【官方链接】要求

链接说明：

（1）推荐您使用头条建站链接：如以https://www.chengzijianzhan.com/ 开头的网站。

（2）除建站外，您提供的链接必须具备网站ICP备案，ICP备案主体应与认证主体一致，**不接受个人ICP备案。**

（3）如使用京东、天猫、淘宝企业店铺，您的店铺主体应与其认证主体一致。

链接页面要求：

（1）落地页的主要内容涉及医疗、健康、保健品、美容整形类，不予通过。

（2）落地页可打开，且必须在移动端适配，即适宜在手机等移动设备中打开。

（3）落地页中不能有自动播放的视频或其他

未经消费者同意严重消耗其网络流量的内容。

（4）落地页不得在形式上抄袭、模仿知名网站（包括但不限于天猫、淘宝、京东等）以至于难以辨识其与该等网站的差别。

（5）入口图不得使用误导性图标，如出现在入口图右上角的虚假"关闭"图标、入口图的播放按钮以及入口图上的虚假消息未读图标等。

（6）落地页不得篡改用户访问的页面，强行跳转并唤醒其他 app。

（7）落地页一级页面中禁止包含软件下载 / 安装包链接。

（8）落地页禁止仿造头条专题、抖音推荐等独有的落地页形式。

（9）链接的 URL 地址必须与落地页的 URL 地址一致，添加的网址不支持二次及以上跳转。

（10）落地页涉及产品售卖，只支持京东、天猫、淘宝企业店铺，店铺经营主体与认证主体一致。不支持其他店铺形式，包括企业自有店铺、头条建站不得涉及售卖内容。

（11）页面内容和跳转页面不得出现违法、虚假欺诈、低俗、敏感色情类信息。

（12）不支持跳转至 weibo.com、qq.com、mp.qq.com、mp.weixin.qq.com、kuaibao.qq.com、yidianzixun.com、uczzd.cn、m.baidu.com、haokan.baidu.com、baijiahao.baidu.com 等域名。

（13）落地页不得出现牛股 / 个股诊断、个股咨询、在线荐股 / 指导、牛股分享、私募等内容；不能含有微信、微博、QQ、手机号等私人联系方式；不支持推广彩票，医疗，保健，两性，广告招商，微商，二类电商等内容。

（14）如使用店铺链接，店铺内主营商品不得涉及违禁商品内容。

第四：实体店铺

企业号新推出了"POI 管理"功能，企业号均可以认领自己的商家详情页。

企业号在成功认领 POI 之后，可以编辑自己的商家详情页，包括商家头图、商家地址电话、企业官方相册等，从而能直观展示企业宣传内容，第一时间吸引眼球，为企业提供信息曝光与流量转化。

第五节

抖商时代，开启新品牌的机会来了

"

抖音的全新时代，人人都能够"去中心化"的获得流量，人人都能够根据场景开设"橱窗"；

粉丝和大 V 的身份可随时互换，人人都能够成为商业的主人，个人将迎来全新的创业模式！

——《短视频速成 10 万 +》

过去的微博，是以大V、明星为核心的弱关系平台，你必须订阅别人，没有优质大V的转发，你很难找到流量。

过去的微信，是以好友、家人、同事为核心的强关系平台，你需要主动去寻找客户，一个账号，你最多能够影响5000人。

今天的抖音，是一个"去中心化"的大数据推送平台，个人的内容，都有可能突然推送到几千万人的手机屏幕端，那就意味着，人人能够找到流量，人人都能够找到客户，人人都能够成为"明星"。再加上抖音的橱窗视频场景化销售模式，那就意味着，传统大V和粉丝的关系将被重新定义。

过去，做自媒体需要具备诸如拍摄，内容创作等很多专业制作能力。今天抖音的出现，让这些门槛全被特效，滤镜，剪切等一系列工具所取代。你随手一拍，稍微运用一些特效，就能表达出可以和过去专业团队相媲美的内容。

在越来越碎片阅读的今天，你将不再是一个看客和观众，更是一个随时可能爆红的"流量主"，今天只要认真做抖音账号，每一个人都可能因为某一条内容迅速爆红，积累大量粉丝，你是别人粉丝的同时，别人也是你的粉丝。

这就给了每个人在抖音上创业的机会，因为**人人都可以有流量，人人都可以快速的进行商业运作，**

最先看到这一趋势的姜博士正式提出：

五年前，微信开创了朋友圈的"图文时代"，无数的公司争相开公众号，几千万微商应运而生；今天，抖音开创了"短视频时代"，宝马，奥迪等等著名品牌争相入驻，一种新的电商模式正在诞生，它的名字叫抖商！

"抖商"将是淘宝摆脱价格战的升级版，将是"微商"摆脱传销的唯一出路，将是中国传统企业互联网+的最好阵地，将是创业者创新者的新平台。

之所以预言抖音是下一个商业时代的入口，道理很简单，微信是互联网时代的报纸，抖音是互联网时代的电视，电视强大还是报纸强大？不言而喻。

之所以预言淘宝可以通过抖音摆脱价格战，因为好产品终于可以通过抖音做品牌了，而品牌是不打价格战的，之所以预言微商终于可以通过抖音摆脱传销化，是因为微商的最大价值并不是卖货，微商的最大价值是服务，是品牌传播。

想想吧，一旦抖音成为"电视"，品牌方会投多少钱进来做广告？

> 企业能够通过社群营销快速低成本的创造小众品牌，在这个新模式下，通过抖音来进行全新创业的"抖商"

——《短视频速成10万+》

没有品牌就没有利润，这是多简单的道理。抖音是什么？抖音是传统企业创新品牌最低成本的渠道，无数的草根大号成为品牌代言人，抖音与淘宝的打通为品牌创造最好的土壤。

抖音将会成为创业者的新平台，在大数据推荐机制下，只要内容好，立即上热门，立即成大 V，有人就有生意，有生意就有钱赚，这就叫"抖商"！

在我们启动的锡恩中国抖商大学，是这么定义抖商三大好处：

第一大好处——获得利益：一个小 V 是没有价值的，联合起来就有价值了，抖商会联合承接广告与品牌宣传，共享利益。

第二大好处——获得指导：也许你没有经验、不会销售、不会服务，怎么办？有中国最优秀的专家姜博士率领顾问团队指导你。

第三大好处——获得进步：由北航中国电商研究中心的专家定期为大家授课，每年举行"抖商千人峰会"。

所以，在抖音的全新时代，人人都能够"去中心化"的获得流量，人人都能够根据场景开设"橱窗"，并且在一个视频化的场景下进行产品的推广销售。粉丝和大 V 的身份可随时互换，人人都能够成为商业的主人。个人将迎来全新的创业模式，那就是通过抖音做内容，通过抖音推送来找到粉丝，组建社群。

企业也将进入一个全新销售模式，那就是聚合更多的个人，通过开通橱窗进行产品销售，**通过社群营销快速低成本的创造小众品牌**。在这个新模式下，通过抖音来进行全新创业的"抖商"，将正式登上历史舞台！